岗位会计一点通

存货管理与会计核算一点通

深入浅出　一点就通

最精确的准则剖析
最全面的案例演练
最实用的会计操作

张金辉◎编著

中国宇航出版社
·北京·

图书在版编目（CIP）数据

存货管理与会计核算一点通 / 张金辉编著. -- 北京
: 中国宇航出版社, 2013.1
(岗位会计一点通系列)
ISBN 978-7-5159-0367-5

Ⅰ. ①存… Ⅱ. ①张… Ⅲ. ①存货管理-会计-基本知识 Ⅳ. ①F234.3

中国版本图书馆 CIP 数据核字（2012）第 309810 号

策划编辑　董　琳　　封面设计　上品设计
责任编辑　董　琳　　责任校对　陈晓敏

出版发行　中国宇航出版社
社　址　北京市阜成路 8 号　　邮　编　100830
（010）68768548
网　址　www.caphbook.com
经　销　新华书店
发行部　（010）68371900　　（010）88530478（传真）
（010）68768541　　（010）68767294（传真）
零售店　读者服务部　　北京宇航文苑
（010）68371105　　（010）62529336
承　印　北京嘉恒彩色印刷有限公司
版　次　2013 年 1 月第 1 版　　2013 年 1 月第 1 次印刷
规　格　787×960　　开　本　1/16
印　张　13　　字　数　206 千字
书　号　ISBN 978-7-5159-0367-5
定　价　29.80 元

前言 Preface

存货作为企业里一项占比重很高的资产，直接关系到企业的资金占用水平以及资产运作效率。因此，企业必须重视对存货的管理。本书旨在帮助读者理解、掌握存货管理的理论和方法，从而有效地进行存货管理工作。

本书秉承实用和细化的理念，采用“理论讲解 + 具体范例 + 图表穿插”的方式编排内容，简单、直观地传达信息，真正做到细化至“每个知识点”，语言生动、形象，能够使读者耳目一新，更好地理解知识点。

本书的内容体系是：

第一章介绍存货的基本概念，即存货和存货管理的内容。第二章介绍取得存货的成本，包括外购存货的成本，加工取得的存货、非货币性资产交换取得存货、债务重组方式取得存货、企业合并以及其他方式取得的存货成本。第三章介绍发出存货的计量，包括发出存货成本的计量方法，商品的一般销售、特殊销售商品业务的处理、期末存货的计量方法等。第四章介绍主要存货品种，包括原材料、库存商品、包装物及低值易耗品等。第五章介绍存货管理理论，具体包括存货管理基本概念、存货决策、存货的控制系统。第六章介绍产品成本计算，包括成本计算概述、成本的归集和分配、产品成本计算的品种法、产品成本计算的分批法和产品成本计算的分步法。第七章介绍与存货相关的内部控制，具体包括销售与收款循环内部控制，采购与付款循环内部控制，存货与仓储循环内部控制。

由于作者水平有限，本书难免存在不足之处，殷切期待广大读者对本书提出宝贵意见。若有任何疑问均可发送邮件至 suoxh@139. com，或拨打服务热线 13681387472 与作者联系，我们将竭诚为您解答。

作者

2013 年 1 月

目录 Contents

第一章　存货基本概念

第一节　存货

一、存货的概念

存货是指企业在日常活动中持有以备出售的产成品或商品、处在生产过程中的在产品、在生产过程或提供劳务过程中耗用的材料、物料等。

存货区别于固定资产等非流动资产的最基本的特征是企业持有存货的最终目的是为了出售，包括可供直接出售的产成品、商品以及需经过进一步加工后出售的原材料等。

二、存货的内容

企业存货的内容如表 1－1 所示。

表 1－1　企业存货的内容

	内容	解释
存货	原材料	企业在生产过程中经加工改变其形态或性质并构成产品主要实体的各种原料及主要材料、辅助材料、外购半成品（外购件）、修理用备件（备品备件）、包装材料、燃料等
	在产品	企业正在制造尚未完工的产品，包括正在各个生产工序加工的产品和已加工完毕但尚未检验或已检验但尚未办理入库手续的产品
	产成品	工业企业已经完成全部生产过程并验收入库，可以按照合同规定的条件送交订货单位，或者可以作为商品对外销售的产品
	商品	商品流通企业外购或委托加工完成验收入库用于销售的各种商品

（续表）

	内容	解释
存货	周转材料	企业能够多次使用、但不符合固定资产定义的材料，如为了包装本企业商品而储备的各种包装物，各种工具、管理用具、玻璃器皿、劳动保护用品以及在经营过程中周转使用的容器等低值易耗品和建造承包商的钢模板、木模板、脚手架等其他周转材料

三、存货的特征

存货的特征有以下几点：

(1)存货是一种具有物质实体的有形资产。

(2)存货属于流动资产，具有较大的流动性。

存货通常都将在 1 年或超过 1 年的一个营业周期内被销售或耗用，并不断地被重置，具有较强的变现能力和较大的流动性。

(3)存货以在正常生产经营过程中被销售或耗用为目地而取得。

企业持有存货的目的在于准备在正常经营过程中予以出售，如商品、产成品以及准备直接出售的半成品等；或者仍处在生产过程中，待制成产成品后再予以出售，如在产品、半成品等；或者将在生产过程或提供劳务过程中被耗用，如周转材料等。企业在判断一个资产项目是否属于存货时，必须考虑取得该资产项目的目的，即在生产经营过程中的用途或所起的作用。

(4)存货属于非货币性资产，存在价值减损的可能。

存货通常能够在正常生产过程中被销售或耗用，并最终转换为货币资金。但当存货长期不能销售或耗用时，就有可能变为积压物资或者需要降价销售，给企业带来损失。

四、存货的确认条件

存货必须在符合定义的前提下，同时满足下列两个条件，才能予以确认。

(1)与该存货有关的经济利益很可能流入企业。

资产最重要的特征是预期会给企业带来经济利益。如果某一项目预期不能给企业带来经济利益，就不能确认为企业的资产。通常，拥有存货的所有权是与该存货有关的经济利益很可能流入本企业的一个重要标志。一般情况下，根据销售合同已经售出(取得现金或收取现金的权利)，所有权已经转移的存货，因其所含经济利益已不能流入本企业，因而不能再作为企业的存货进行核算，即使该存货尚未运离企业。企业在判断与该存货有关的经济利益能否流入企业时，通常应结合该存货所有权的归属考虑，而不应当仅仅看其存放的地点等。

(2)该存货的成本能够可靠地计量。

成本或者价值能够可靠地计量是资产确认的一项基本条件。存货作为企业资产的组成部分，要予以确认也必须能够对其成本进行可靠的计量。存货的成本能够可靠地计量必须以取得的确凿证据为依据，并且具有可验证性。如果存货成本不能可靠地计量，则不能确认为一项存货。如企业承诺的订货合同，由于并未实际发生，不能可靠确定其成本，因此就不能确认为购买企业的存货。

第二节　存货管理

一、存货管理的概念及基本目标

存货管理是指存货的信息管理和在此基础上的决策分析，主要通过对存货实施有效控制，最终达到提高企业经济效益，增强企业综合实力和竞争力，以最低的成本提供维持生产经营活动所需的存货的目的。

存货管理的基本目标是在充分发挥存货功能的同时降低成本、增加收益，实现它们的最佳组合。

二、加强存货管理的意义

(1)可以帮助企业仓库管理人员对库存商品进行详尽、全面的控制和管理。

(2)帮助库存会计进行库存商品的核算。

(3)提供的各种库存报表和库存分析可以为企业的决策提供依据。

(4)降低库存、减少资金占用，避免物品积压或短缺，保证企业经营活动顺利进行。

存货作为一项重要的流动资产，它的存在势必占用大量的流动资金。一般情况下，存货占工业企业总资产的30%左右，商业流通企业的这个比重则更高，其管理利用情况如何，直接关系到企业的资金占用水平以及资产运作效率。因此，一个企业若要保持较高的盈利能力，应当十分重视存货的管理。在不同的存货管理水平下，企业的平均资金占用水平差别是很大的。通过实施正确的存货管理方法，来降低企业的平均资金占用水平，提高存货的流转速度和总资产周转率，才能最终提高企业的经济效益。

第三节 存货会计岗位的职责

一、存货会计的岗位职责

存货岗位的职责总地来说是对企业的产成品或商品、在产品、原材料和周转材料在采购、储存和销售过程中进行核算、记录和管理。存货是单位的重要财产物资，期末存货成本的高低对生产成本和利润有直接的影响，存货会计在会计核算中起着十分重要的作用，其职能包括核算、反映、监督和管理四个方面。

核算职能：主要是对存货取得时计价的计算，发出存货计价的计算，以及会计期末存货估值的计算等。

反映职能：主要是对各种存货进行总账和明细账登记，随时掌握各种存货的收发存状况，提供发出存货的成本并根据库存情况向有关部门提出采购计划。

监督职能：主要是对存货业务单据的审核和对存货业务全过程的审查，对其合法性、合理性及有效性进行监督。

管理职能：主要是对存货的采购计划，存货的购进、存货的发出、期末库存存货以及存货的盘点进行管理，以正确核算存货的成本，加强单位资产管理，避免存货不足或存货积压现象。

存货会计的岗位职责是做好存货业务的原始凭证审核和记账凭证的编制，登记存货的总账和明细账，存货的入库、发出、期末存货的计价、核算以及存货的清查等工作。存货会计岗位的具体职责包括但不限于以下几点：

(1)建立具体仓库存货核算办法、制定各种存货目录；

(2)认真审核存货业务的原始凭证，编制存货业务的记账凭证；

(3)合理设置存货账薄，及时正确登记存货的总账和明细账；

(4)定期对账，保证账账、账实相符；

(5)会同有关部门拟定材料物资管理与核算实施办法；

(6)审查采购计划，控制采购成本，防止盲目采购；

(7)检查各项存货计划执行情况，及时反映储存情况及存货问题；

(8)负责存货明细核算，对已验收入库尚未付款的材料，月终要估价入账；

(9)配合有关部门制定材料消耗定额，编制材料计划成本目录；

(10)按规定定期进行清查盘点，保证账实相符，编制存货盘点表，认真查明盘盈、盘亏问题，并及时处理清查账务；

(11)分析储备情况，防止呆滞积压，对于超过正常储备和长期呆滞积压的存货，要分析原因，提出处理意见和建议，督促有关部门处理。

二、对存货会计岗位的基本要求

对存货会计岗位的基本要求如下：

(1)落实保管责任制度；

(2)建立严格的存货收发和计量制度；

(3)采用永续盘存制，加强会计对各项存货的控制；

(4)健全实地盘点制度；

(5)实施存货保险制度；

(6)建立库存存货质量管理制度；

(7)确定恰当的存货明细分类账分类方法；

(8)健全存货明细账设置。

三、存货会计岗位的职责分离

企业应当建立存货业务的岗位责任制，明确内部相关部门和岗位的职责、权限，确保办理存货业务的不相容岗位相互分离、制约和监督。存货业务的不相容岗位至少包括：

(1)存货的请购与审批，审批与执行；

(2)存货的采购与验收、付款；

(3)存货的保管与相关会计记录；

(4)存货发出的申请与审批，申请与会计记录；

(5)存货处置的申请与审批，申请与会计记录。

企业应当配备合格的人员办理存货业务。办理存货业务的人员应当具备良好的业务知识和职业道德，遵纪守法，客观公正。企业要定期对员工进行相关的政策、法律及业务培训，不断提高他们的业务素质和职业道德水平。

企业应当对存货业务建立严格的授权批准制度，明确审批人对存货业务的授权批准方式、权限、程序、责任和相关控制措施，规定经办人办理存货业务的职责范围和工作要求。审批人应当根据存货授权批准制度的规定，在授权范围内进行审批，不得超越审批权限。经办人应当在职责范围内，按照审批人的批准意见办理存货业务。

企业内部除存货管理部门及仓储人员外，其余部门和人员接触存货时，应由相关部门特别授权。如存货是贵重物品、危险品或需保密的物品，应当规定更严格的接触限制条件，必要时，存货管理部门内部也应当执行授权接触。

企业可以根据业务特点及成本效益原则选用计算机系统和网络技术实现对存货的管理和控制，但应注意计算机系统的有效性、可靠性和安全性，并制定防范意外事项的有效措施。

第二章　取得存货的成本

企业取得存货应当按照成本进行计量。存货成本包括采购成本、加工成本和使存货达到目前场所和状态所发生的其他成本三个组成部分。企业存货的取得主要是通过外购和自制两个途径。不同存货的成本构成内容不同：原材料、商品、低值易耗品等通过购买而取得的存货的初始成本，由采购成本构成；产成品、在产品、半成品、委托加工物资等通过进一步加工而取得的存货的初始成本，由采购成本、加工成本以及使存货达到目前场所和状态所发生的其他成本构成。

第一节　外购存货的成本

原材料、商品、低值易耗品等通过购买而取得的存货的初始成本由采购成本构成。外购存货的成本即存货的采购成本，指企业物资从采购到入库前所发生的全部支出，包括购买价款、相关税费以及其他可归属于存货采购成本的费用，如图2　1所示。

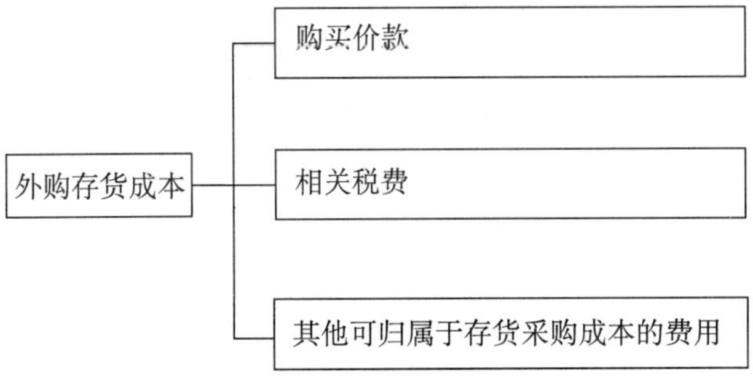

图2－1　外购存货成本的构成

（1）购买价款，是指企业购入材料或商品的发票账单上列明的价款，但不包括按规定可以抵扣的增值税进项税额。

（2）相关税费，是指企业购买、自制或委托加工存货所发生的消费税、资源税和不能从增值税销项税额中抵扣的进项税额等。

（3）其他可归属于存货采购成本的费用，即采购成本中除上述各项以外的可归属于存货采购成本的费用，如在存货采购过程中发生的仓储费、包装费、运输途中的合理损耗、入库前的挑选整理费用等。这些费用能分清负担对象的，应直接计入存货的采购成本；不能分清负担对象的，应选择合理的分配方法，分配计入有关存货的采购成本。分配方法通常包括按所购存货的重量或采购价格的比例进行分配。

但是，对于采购过程中发生的物资毁损、短缺等，除合理的损耗应作为存货的"其他可归属于存货采购成本的费用"计入采购成本外，应区别不同情况进行会计处理：（1）应从供货单位、外部运输机构等收回的物资短缺或其他赔款，冲减物资的采购成本；（2）因遭受意外灾害发生的损失和尚待查明原因的途中损耗，不得增加物资的采购成本，应暂作为待处理财产损溢进行核算，在查明原因后再作处理。

商品流通企业在采购商品过程中发生的运输费、装卸费、保险费以及其他可归属于存货采购成本的费用等进货费用，应计入所购商品成本。在实务中，企业也可以将发生的运输费、装卸费、保险费以及其他可归属于存货采购成本的费用等进货费用先进行归集，期末时按照所购商品的存销情况进行分摊。对于已销售商品的进货费用，计入主营业务成本；对于未售商品的进货费用，计入期末存货成本。商品流通企业采购商品的进货费用金额较小的，可以在发生时直接计入当期销售费用。

第二节　加工取得的存货

企业通过进一步加工取得的存货，主要包括产成品、在产品、半成品、委托加工物资等。其成本由采购成本、加工成本构成，某些存货还包括使存货达到目前场所和状态所发生的其他成本，如可直接认定的产品设计费用等，如图 2－2 所示。通过进一步加工取得的存货的成本中，采购成本是由所使用或消耗的原材料采购成本转移而来的，因此，计量加工取得的存货成本，重点是要确定存货的加工成本。

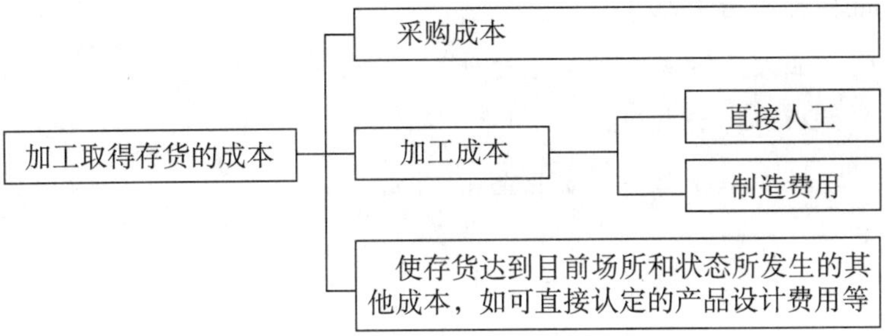

图 2－2 加工取得存货的成本所包含的内容

存货加工成本由直接人工和制造费用构成，其实质是企业在进一步加工存货的过程中追加发生的生产成本，因此，不包括直接由材料存货转移来的价值。其中，直接人工是指企业在生产产品过程中，直接从事产品生产的工人的职工薪酬。直接人工和间接人工的划分依据通常是生产工人是否与所生产的产品直接相关(即可否直接确定其服务的产品对象)。制造费用是指企业为生产产品和提供劳务而发生的各项间接费用。制造费用是一项间接生产成本，包括企业生产部门(如生产车间)管理人员的职工薪酬、折旧费、办公费、水电费、机物料消耗、劳动保护费、季节性和修理期间的停工损失等。

一、委托外单位加工的存货

委托外单位加工完成的存货，以实际耗用的原材料或者半成品、加工费、运输费、装卸费等费用以及按规定应计入成本的税金，作为实际成本。其在会计处理上主要包括拨付加工物资、支付加工费用和税金、收回加工物资和剩余物资等几个环节。

【例2-1】华明企业委托宏业企业加工材料一批(属于应税消费品)。原材料成本为20 000元，支付的加工费为7 000元(不含增值税)，消费税税率为10%，材料加工完成并已验收入库，加工费用等已经支付。双方适用的增值税税率为17%。

华明企业按实际成本核算原材料，有关账务处理如下：

(1) 发出委托加工材料。

借：委托加工物资——宏业企业　　20 000

　　贷：原材料　　20 000

(2) 支付加工费和税金。

消费税组成计税价格=(20 000+7 000)÷(1-10%)=30 000(元)；

受托方代收代交的消费税税额=30 000×10%=3 000(元)；

应交增值税税额=7 000×17%=1 190(元)。

① 华明企业收回加工后的材料用于连续生产应税消费品的。

借：委托加工物资——宏业企业　　7 000

　　应交税费——应交增值税(进项税额)　　1 190

　　　　　　——应交消费税　　3 000

　　贷：银行存款　　11 190

② 华明企业收回加工后的材料直接用于销售的。

借：委托加工物资——宏业企业　　(7 000+3 000)10 000

　　应交税费——应交增值税(进项税额)　　1 190

　　贷：银行存款　　11 190

(3) 加工完成，收回委托加工材料。

① 华明企业收回加工后的材料用于连续生产应税消费品的。

借：原材料　　(20 000+7 000)27 000

　　贷：委托加工物资——宏业企业　　27 000

② 华明企业收回加工后的材料直接用于销售的。

借：库存商品　　(20 000+10 000)30 000

　　贷：委托加工物资——宏业企业　　30 000

二、自行生产的存货

自行生产的存货的初始成本包括投入的原材料或半成品、直接人工和按照一定方式分配的制造费用。制造费用是指企业为生产产品和提供劳务而发生的各项间接费用，包括企业生产部门（如生产车间）管理人员的薪酬、折旧费、办公费、水电费、机物料消耗、劳动保护费、季节性和修理期间的停工损失等。在生产车间只生产一种产品的情况下，企业归集的制造费用可直接计入该产品成本；在生产多种产品的情况下，企业应采用与该制造费用相关性较强的方法对其进行合理分配。通常采用的方法有：生产工人工时比例法、生产工人工资比例法、机器工时比例法和按年度计划分配法等，还可以按照耗用原材料的数量或成本、直接成本及产品产量分配制造费用。（具体见本书第六章）

第三节　非货币性资产交换取得存货

非货币性资产交换是一种非经常性的特殊交易行为，是交易双方主要以存货、固定资产、无形资产和长期股权投资等非货币性资产进行的交换。非货币性资产交换不涉及或只涉及少量的货币性资产。因此，换入资产成本的计量基础以及对换出资产损溢的确定与以货币性资产取得非货币性资产不同，需要运用不同的计量基础和判断标准。

一、非货币性资产交换的认定和计量原则

（一）非货币性资产交换的确认

非货币性资产是相对于货币性资产而言的。货币性资产，是指企业持有的货币资金和将以固定或可确定的金额收取的资产，包括现金、银行存款、应收账款和应收票据，以及准备持有至到期的债券投资等。非货币性资产是指货币性资产以外的资产，包括存货、固定资产、无形资产、长期股权投资、不准备持有至到期的债券投资等。非货币性资产有别于货币性资产的最基本特征是其在将来为企业带来的经济利益，即货币金额是不固定的或不可确定

的。资产负债表列示的项目中，属于非货币性资产的项目通常包括存货(原材料、包装物、低值易耗品、库存商品、委托加工物资、委托代销商品等)，长期股权投资、投资性房地产、固定资产、在建工程、工程物资、无形资产等。

非货币性资产交换一般不涉及货币性资产，或只涉及少量货币性资产即补价。非货币性资产交换准则规定，认定涉及少量货币性资产的交换为非货币性资产交换，通常以补价占整个资产交换金额的比例是否低于25%作为参考比例，也就是说，支付的货币性资产占换入资产公允价值(或占换出资产公允价值与支付的货币性资产之和)的比例，或者收到的货币性资产占换出资产公允价值(或占换入资产公允价值和收到的货币性资产之和)的比例低于25%的，视为非货币性资产交换；高于25%（含25%）的，视为货币性资产交换，适用《企业会计准则第14号——收入》等相关准则的规定。

（二）非货币性资产交换的计量原则

在非货币性资产交换的情况下，不论是一项资产换入一项资产、一项资产换入多项资产、多项资产换入一项资产，还是多项资产换入多项资产，换入资产的成本都有两种计量基础。

1. 公允价值

非货币性资产交换同时满足下列两个条件的，应当以公允价值和应支付的相关税费作为换入资产的成本，公允价值与换出资产账面价值的差额计入当期损溢：

(1)该项交换具有商业实质；

(2)换入资产或换出资产的公允价值能够可靠地计量。

换入资产和换出资产公允价值均能够可靠计量的，应当以换出资产公允价值作为确定换入资产成本的基础。一般来说，取得资产的成本应当按照所放弃资产的对价来确定，在非货币性资产交换中，换出资产就是放弃的对价，如果其公允价值能够可靠确定，应当优先考虑按照换出资产的公允价值作为确定换入资产成本的基础；如果有确凿证据表明换入资产的公允价值更加可靠的，应当以换入资产公允价值为基础确定换入资产的成本，这种情况多发生在非货币性资产交换存在补价的时候，因为存在补价表明换入资产和换出资产公允价值不相等，一般不能直接以换出资产的公允价值作为换入资产的成本。

2. 账面价值

不具有商业实质或交换涉及资产的公允价值均不能可靠计量的非货币性资产交换，应当按照换出资产的账面价值和应支付的相关税费，作为换入资产的成本，无论是否支付补价，均不确认损溢；收到或支付的补价作为确定换入资产成本的调整因素，其中，收到补价方应当以换出资产的账面价值减去补价作为换入资产的成本；支付补价方应当以换出资产的账面价值加上补价作为换入资产的成本。

(三)商业实质的判断

非货币性资产交换具有商业实质，是换入资产能够采用公允价值计量的重要条件之一。

1. 判断条件

企业发生的非货币性资产交换，符合下列条件之一的，视为具有商业实质：

(1)换入资产的未来现金流量在风险、时间和金额方面与换出资产显著不同。

(2)换入资产与换出资产的预计未来现金流量现值不同，且其差额与换入资产和换出资产的公允价值相比是重大的。

2. 关联方之间交换资产与商业实质的关系

在确定非货币性资产交换是否具有商业实质时，企业应当关注交易各方之间是否存在关联方关系。关联方关系的存在可能导致发生的非货币性资产交换不具有商业实质。

二、非货币性资产交换的会计处理

(一)以公允价值计量的会计处理

非货币性资产交换具有商业实质且公允价值能够可靠计量的，应当以换出资产的公允价值和应支付的相关税费作为换入资产的成本，除非有确凿证据表明换入资产的公允价值比换出资产公允价值更加可靠。

换出资产为存货的，应当视同销售处理，根据《企业会计准则第14号——收入》按照公允价值确认销售收入，同时结转销售成本，相当于按照公允价值确认的收入和按账面价值结转的成本之间的差额，也即换出资产公允价值和换出资产账面价值的差额，在利润表中作为营业利润的构成部分予以列示。

换入资产与换出资产涉及相关税费的，如换出存货视同销售计算的销项税额，换入资产作为存货应当确认的可抵扣增值税进项税额，以及换出固定资产、无形资产视同转让应交纳的营业税等，按照相关税收规定计算确定。

1. 不涉及补价的情况

不涉及补价的情况如例2－2所示。

【例2－2】2012年9月，华明公司以生产经营过程中使用的一台设备交换宏业打印机公司生产的一批打印机，换入的打印机作为固定资产管理。华明、宏业公司均为增值税一般纳税人，适用的增值税税率为17%。设备的账面原价为150万元，在交换日的累计折旧为45万元，公允价值为90万元。打印机的账面价值为110万元，在交换日的市场价格为90万元，计税价格等于市场价格。宏业公司换入华明公司的设备，是生产打印机过程中需要使用的设备。

假设华明公司此前没有为该项设备计提资产减值准备，整个交易过程中，除支付运杂费15 000元外，没有发生其他相关税费。同时，假设宏业公司此前也没有为库存打印机计提存货跌价准备，其在整个交易过程中没有发生除增值税以外的其他税费。

分析：

整个资产交换过程没有涉及收付货币性资产，因此，该项交换属于非货币性资产交换。本例是以存货换入固定资产，对华明公司来讲，换入的打印机是经营过程中必须的资产，对宏业公司来讲，换入的设备是生产打印机过程中必须使用的机器，两项资产交换后对换入企业的特定价值显著不同，两项资产的交换具有商业实质；同时，两项资产的公允价值都能够可靠地计量，符合以公允价值计量的两个条件，因此，华明公司和宏业公司均应当以换出资产的公允价值为基础，确定换入资产的成本，并确认产生的损溢。

宏业公司的账务处理如下：

根据增值税的有关规定，企业以库存商品换入其他资产，视同销售行为应计算增值税销项税额，缴纳增值税。

换出打印机的增值税销项税额 =900 000×17% =153 000(元)；

换入设备的增值税进项税额 =900 000×17% =153 000(元)。

借：固定资产——设备　　900 000

　　应交税费——应交增值税(进项税额)　　153 000

　　贷：主营业务收入　　900 000

　　　　应交税费——应交增值税(销项税额)　　153 000

借：主营业务成本　　1 100 000

　　贷：库存商品——打印机　　1 100 000

2. 涉及补价的情况

在以公允价值确定换入资产成本的情况下，发生补价的，支付补价方和收到补价方应当分别情况处理。

(1)支付补价方：应当以换出资产的公允价值加上支付的补价(即换入资产的公允价值)和应支付的相关税费，作为换入资产的成本；换入资产成本与换出资产账面价值加支付的补价、应支付的相关税费之和的差额，应当计入当期损溢。

(2)收到补价方：应当以换入资产的公允价值(或换出资产的公允价值减去补价)和应支付的相关税费，作为换入资产的成本；换入资产成本加收到的补价之和与换出资产账面价值加应支付的相关税费之和的差额，应当计入当期损溢。

在涉及补价的情况下，对于支付补价方而言，作为补价的货币性资产构成换入资产所放弃对价的一部分，对于收到补价方而言，作为补价的货币性资产构成换入资产的一部分。

(二)以换出资产账面价值计量的会计处理

非货币性资产交换不具有商业实质，或者虽然具有商业实质但换入资产和换出资产的公允价值均不能可靠计量的，应当以换出资产账面价值为基础确定换入资产成本，无论是否支付补价，均不确认损溢。

三、涉及多项非货币性资产交换的会计处理

涉及多项非货币性资产交换是指企业以一项非货币性资产同时换入另一企业的多项非货币性资产，或同时以多项非货币性资产换入另一企业的一项非货币性资产，或以多项非货币性资产同时换入多项非货币性资产，也可能涉及补价。涉及多项资产的非货币性资产交换，企业无法将换出的某一资产与换入的某一特定资产相对应。与单项非货币性资产之间的交换一样，涉及多项资产的非货币性资产交换的计量，企业也应当首先判断是否符合以公允价值计量的两个条件，再分别情况确定各项换入资产的成本。

涉及多项资产的非货币性资产交换一般可以分为以下几种情况：

(1)资产交换具有商业实质、且各项换出资产和各项换入资产的公允价值均能够可靠计量。在这种情况下，换入资产的总成本应当按照换出资产的公允价值总额为基础确定，除非有确凿证据证明换入资产的公允价值总额更可靠。各项换入资产的成本，应当按照各项换入资产的公允价值占换入资产公允价值总额的比例，对换入资产总成本进行分配，确定各项换入资产的成本。

(2)资产交换具有商业实质，且换入资产的公允价值能够可靠计量、换出资产的公允价值不能可靠计量。在这种情况下，换入资产的总成本应当按照换入资产的公允价值总额为基础确定，各项换入资产的成本，应当按照各项换入资产的公允价值占换入资产公允价值总额的比例，对换入资产总成本进行分配，确定各项换入资产的成本。

(3)资产交换具有商业实质、换出资产的公允价值能够可靠计量、但换入资产的公允价值不能可靠计量。在这种情况下，换入资产的总成本应当按照换出资产的公允价值总额为基础确定，各项换入资产的成本，应当按照各项换入资产的原账面价值占换入资产原账面价值总额的比例，对按照换出资产公允价值总额确定的换入资产总成本进行分配，确定各项换入资产的成本。

(4)资产交换不具有商业实质，或换入资产和换出资产的公允价值均不能可靠计量。在这种情况下，换入资产的总成本应当按照换出资产的账面价值总额为基础确定，各项换入资产的成本应当按照各项换入资产的原账面价值占换入资产的账面价值总额的比例，对按照换出资产账面价值总额为基础确

定的换入资产总成本进行分配，确定各项换入资产的成本。

实际上，上述第(1)、(2)、(3)种情况，换入资产总成本都是按照公允价值计量的，但各单项换入资产成本的确定，视各单项换入资产的公允价值能否可靠计量而分别情况处理；第(4)种情况属于不符合公允价值计量的条件，换入资产总成本按照换出资产账面价值总额确定，各单项换入资产成本的确定，按照各单项换入资产的原账面价值占换入资产账面价值总额的比例确定。

【例2-3】华明公司和宏业公司均为增值税一般纳税人，适用的增值税税率均为17%。2012年8月，为适应业务发展的需要，经协商，华明公司决定以生产经营过程中使用的厂房、设备以及库存商品换入宏业公司生产经营过程中使用的办公楼、小汽车、客运汽车。华明公司厂房的账面原价为1 500万元，在交换日的累计折旧为300万元，公允价值为1 000万元；设备的账面原价为600万元，在交换日的累计折旧为480万元，公允价值为100万元；库存商品的账面余额为300万元，交换日的市场价格为350万元，市场价格等于计税价格。宏业公司办公楼的账面原价为2 000万元，在交换日的累计折旧为1 000万元，公允价值为1 100万元；小汽车的账面原价为300万元，在交换日的累计折旧为190万元，公允价值为159.5万元；客运汽车的账面原价为300万元，在交换日的累计折旧为180万元，公允价值为150万元。另外，宏业公司向华明公司支付银行存款64.385万元，其中包括由于换出和换入资产公允价值不同而支付的补价40.5万元，以及换出资产销项税额与换入资产进项税额的差额23.885万元。

假定华明公司和宏业公司都没有为换出资产计提减值准备；营业税税率为5%；华明公司换入宏业公司的办公楼、小汽车、客运汽车均作为固定资产使用和管理；宏业公司换入华明公司的厂房、设备作为固定资产使用和管理，换入的库存商品作为原材料使用和管理。华明公司开具了增值税专用发票。

分析：

本例涉及收付货币性资产，应当计算华明公司收到的货币性资产占华明公司换出资产公允价值总额的比例（等于宏业公司支付的货币性资产占宏业公司换入资产公允价值与支付的补价之和的比例），即：

40.5÷(1 000+100+350)=2.79%<25%。

可以认定，这一涉及多项资产的交换行为属于非货币性资产交换。对于华明公司而言，为了拓展运输业务，需要小汽车、客运汽车等，宏业公司为了扩大产品生产，需要厂房、设备和原材料，换入资产对换入企业均能发挥更大的作用。因此，该项涉及多项资产的非货币性资产交换具有商业实质；同时，各单项换入资产和换出资产的公允价值均能可靠计量，因此，华明公司、宏业公司均应当以公允价值为基础确定换入资产的总成本，确认产生的相关损溢。同时，按照各单项换入资产的公允价值占换入资产公允价值总额的比例，确定各单项换入资产的成本。

华明公司的账务处理如下。

(1)根据税法的有关规定：

换出库存商品的增值税销项税额=350×17%=59.5(万元)；

换出设备的增值税销项税额=100×17%=17(万元)；

换入小汽车、客运汽车的增值税进项税额=(159.5+150)×17%
=52.615(万元)；

换出厂房的营业税税额=1 000×5%=50(万元)。

(2)计算换入资产、换出资产公允价值总额：

换出资产公允价值总额=1 000+100+350=1 450(万元)；

换入资产公允价值总额=1 100+159.5+150=1 409.5(万元)。

(3)计算换入资产总成本：

换入资产总成本=换出资产公允价值-补价+应支付的相关税费
=1 450-40.5+0=1 409.5(万元)。

(4)计算确定换入各项资产的公允价值占换入资产公允价值总额的比例：

办公楼公允价值占换入资产公允价值总额的比例=1 100÷1 409.5=78%；

小汽车公允价值占换入资产公允价值总额的比例 = 159.5 ÷ 1 409.5 = 11.4%；

客运汽车公允价值占换入资产公允价值总额的比例 = 150 ÷ 1 409.5 = 10.6%。

(5)计算确定换入各项资产的成本：

办公楼的成本 = 1 409.5 × 78% = 1 099.41(万元)；

小汽车的成本 = 1 409.5 × 11.4% = 160.68(万元)；

客运汽车的成本 = 1 409.5 × 10.6% = 149.41(万元)。

(6)会计分录：

借：固定资产清理	13 200 000	
累计折旧	7 800 000	
贷：固定资产——厂房		15 000 000
——设备		6 000 000
借：固定资产清理	500 000	
贷：应交税费——应交营业税		500 000
借：固定资产——办公楼	10 994 100	
——小汽车	1 606 800	
——客运汽车	1 494 100	
应交税费——应交增值税(进项税额)	526 150	
银行存款	643 850	
营业外支出	2 700 000	
贷：固定资产清理		13 700 000
主营业务收入		3 500 000
应交税费——应交增值税(销项税额)		765 000
借：主营业务成本	3 000 000	
贷：库存商品		3 000 000

宏业公司的账务处理如下。

(1)根据税法的有关规定：

换入资产原材料的增值税进项税额 = 350 × 17% = 59.5(万元)；

换入设备的增值税进项税额 =100 ×17% =17(万元);

换出小汽车、客运汽车的增值税销项税额 =(159.5 +150) ×17% =52.615(万元);

换出办公楼的营业税税额 =1 100 ×5% =55(万元)。

(2)计算换入资产、换出资产公允价值总额:

换入资产公允价值总额 =1 000 +100 +350 =1 450(万元);

换出资产公允价值总额 =1 100 +159.5 +150 =1409.5(万元)。

(3)确定换入资产总成本:

换入资产总成本 = 换出资产公允价值 + 支付的补价 - 可抵扣的增值税进项税额 =1 409.5 +40.5 -0 =1 450(万元)。

(4)计算确定换入各项资产的公允价值占换入资产公允价值总额的比例:

厂房公允价值占换入资产公允价值总额的比例 =1 000 ÷1 450 =69%;

设备公允价值占换入资产公允价值总额的比例 =100 ÷1 450 =6.9%;

原材料公允价值占换入资产公允价值总额的比例 =350 ÷1 450 =24.1%。

(5)计算确定换入各项资产的成本:

厂房的成本 =1 450 ×69% =1 000.5(万元);

设备的成本 =1 450 ×6.9% =100.05(万元);

原材料的成本 =1 450 ×24.1% =349.45(万元)。

(6)会计分录:

借:固定资产清理	12 300 000	
累计折旧	13 700 000	
贷:固定资产——办公楼		20 000 000
——小汽车		3 000 000
——客运汽车		3 000 000
借:固定资产清理	550 000	
贷:应交税费——应交营业税		550 000
借:固定资产——厂房	10 005 000	
——设备	1 000 500	

原材料	3 494 500
应交税费——应交增值税(进项税额)	765 000
贷：固定资产清理	12 850 000
应交税费——应交增值税(销项税额)	526 150
银行存款	643 850
营业外收入	1 245 000

第四节　债务重组方式取得存货

一、债务重组的定义

债务重组，是指在债务人发生财务困难的情况下，债权人按照其与债务人达成的协议或法院的裁定作出让步的事项。债务重组定义中，“债务人发生财务困难”是指债务人出现资金周转困难或经营陷入困境，导致其无法或者没有能力按原定条件偿还债务；“债权人作出让步”是指债权人同意发生财务困难的债务人现在或者将来以低于重组债务账面价值的金额或者价值偿还债务。“债权人作出让步”的情形主要包括：债权人减免债务人部分债务本金或者利息、降低债务人应付债务的利率等。债务人发生财务困难，是债务重组的前提条件，而债权人作出让步是债务重组的必要条件。

二、债务重组的方式

债务重组方式主要有四种类型，如表2－1所示。

表2－1　债务重组方式及具体内容

方式	具体内容	注解
以资产清偿债务	债务人转让其资产给债权人以清偿债务的债务重组方式	债务人通常用于偿债的资产主要有：现金、存货、固定资产、无形资产等

（续表）

方式	具体内容	注解
债务转为资本	债务人将债务转为资本，同时债权人将债权转为股权的债务重组方式	债务人根据转换协议，将应付可转换公司债券转为资本的，则属于正常情况下的债务转资本，不能作为债务重组处理。债务转为资本的结果是，债务人因此而增加股本（或实收资本），债权人因此而增加股权
修改其他债务条件	修改不包括上述两种情形在内的债务条件进行债务重组的方式	具体包括减少债务本金、降低利率、免去应付未付的利息等
以上三种方式的组合	采用以上三种方法共同清偿债务的债务重组形式	(1)债务的一部分以资产清偿，另一部分则转为资本； (2)债务的一部分以资产清偿，另一部分则修改其他债务条件； (3)债务的一部分转为资本，另一部分则修改其他债务条件； (4)债务的一部分以资产清偿，一部分转为资本，另一部分则修改其他债务条件

三、债务重组的会计处理

在债务重组中，企业以资产清偿债务的，通常包括以现金清偿债务和以非现金资产清偿债务等方式。在本节中，我们主要介绍以非现金资产清偿债务中用存货清偿债务这一方式。

债务人以非现金资产清偿某项债务的，债务人应当将重组债务的账面价值与转让的非现金资产的公允价值之间的差额确认为债务重组利得，作为营业外收入，计入当期损溢，其中，相关重组债务应当在满足金融负债终止确认条件时予以终止确认。转让的非现金资产的公允价值与其账面价值的差额作为转让资产损溢，计入当期损溢。

债务人在转让非现金资产的过程中发生的一些税费，如资产评估费、运杂费等，直接计入转让资产损溢。对于增值税应税项目，如债权人不向债务人另行支付增值税，则债务重组利得应为转让非现金资产的公允价值和该非现金资产的增值税销项税额与重组债务账面价值的差额；如债权人向债务人另行支付增值税，则债务重组利得应为转让非现金资产的公允价值与重组债务账面价值的差额。

债务人以非现金资产清偿某项债务的，债权人应当对受让的非现金资产按其公允价值入账，重组债权的账面余额与受让的非现金资产的公允价值之间的差额，确认为债务重组损失，作为营业外支出，计入当期损溢，其中，相关重组债权应当在满足金融资产终止确认条件时予以终止确认。重组债权已经计提减值准备的，应当先将上述差额冲减已计提的减值准备，冲减后仍有损失的，计入营业外支出(债务重组损失)；冲减后减值准备仍有余额的，应予转回并抵减当期资产减值损失。对于增值税应税项目，如债权人不向债务人另行支付增值税，则增值税进项税额可以作为冲减重组债权的账面余额处理；如债权人向债务人另行支付增值税，则增值税进项税额不能作为冲减重组债权的账面余额处理。

债权人收到非现金资产时发生的有关运杂费等，应当计入相关资产的价值。

债务人以库存材料、商品产品抵偿债务，应视同销售进行核算。企业可将该项业务分为两部分，一是将库存材料、商品产品出售给债权人，取得货款。出售库存材料、商品产品业务与企业正常的销售业务处理相同，其发生的损溢计入当期损溢。二是以取得的货币清偿债务。当然，在这项业务中实际上并没有发生相应的货币流入与流出。

【例2-4】华明公司欠宏业公司购货款350 000元。由于华明公司财务发生困难，短期内不能支付已于2012年5月1日到期的货款。2012年7月1日，经双方协商，宏业公司同意华明公司以其生产的产品偿还债务，该产品的公允价值为 200 000 元，实际成本为 120 000 元。华明公司为增值税一般纳税人，适用的增值税税率为 17%。宏业公司于 2012 年 8 月 1 日收到华明公司抵债的产品，并作为库存商品入库；宏业公司对该项应收账款计提了 50 000 元的坏账准备。

(1)华明公司的账务处理。

①计算债务重组利得：

应付账款的账面余额		350 000
减：所转让产品的公允价值		200 000
增值税销项税额	(200 000×17%)	34 000
债务重组利得		116 000

②应作会计分录如下：

借：应付账款	350 000	
贷：主营业务收入		200 000
应交税费——应交增值税(销项税额)		34 000
营业外收入——债务重组利得		116 000
借：主营业务成本	120 000	
贷：库存商品		120 000

在本例中，华明公司销售产品取得的利润体现在营业利润中，债务重组利得作为营业外收入处理。

(2)宏业公司的账务处理。

①计算债务重组损失：

应收账款账面余额	350 000
减：受让资产的公允价值	200 000
增值税进项税额	34 000
差额	116 000
减：已计提坏账准备	50 000
债务重组损失	66 000

②应作会计分录如下：

借：库存商品	200 000	
应交税费——应交增值税(进项税额)	34 000	
坏账准备	50 000	
营业外支出——债务重组损失	66 000	
贷：应收账款		350 000

第五节　企业合并

一、企业合并概述

(一)企业合并的界定

企业合并是将两个或两个以上单独的企业合并形成一个报告主体的交易或事项。

假定在企业合并前，A、B 两个企业为各自独立的法律主体，且均构成业务，企业合并准则中所界定的企业合并，包括但不限于以下情形：

(1)企业 A 通过增发自身的普通股，自企业 B 原股东处取得企业 B 的全部股权，该交易事项发生后，企业 B 仍持续经营。

(2)企业 A 支付对价取得企业 B 的全部净资产，该交易事项发生后，撤消企业 B 的法人资格。

(3)企业 A 以自身持有的资产作为出资投入企业 B，取得对企业 B 的控制权，该交易事项发生后，企业 B 仍维持其独立法人资格继续经营。

(二)企业合并的方式

从合并方式划分，企业合并包括控股合并、吸收合并和新设合并，具体内容如表 2－2 所示。

表2－2 企业合并的方式

方式	定义	注释
控股合并	合并方(或购买方，下同)通过企业合并交易或事项取得对被合并方(或被购买方，下同)的控制权，企业合并后能够通过所取得的股权等主导被合并方的生产经营决策并自被合并方的生产经营活动中获益，被合并方在企业合并后仍维持其独立法人资格继续经营的，为控股合并	A+B=A+B
吸收合并	合并方在企业合并中取得被合并方的全部净资产，并将有关资产、负债并入合并方自身的账簿和报表进行核算。企业合并后，注销被合并方的法人资格，由合并方持有合并中取得的被合并方的资产、负债，在新的基础上继续经营，该类合并为吸收合并	A+B=A
新设合并	参与合并的各方在企业合并后法人资格均被注销，重新注册成立一家新的企业，由新注册成立的企业持有参与合并各企业的资产、负债在新的基础上经营，为新设合并	A+B=C

1. 控股合并

合并方(或购买方，下同)通过企业合并交易或事项取得对被合并方(或被购买方，下同)的控制权，企业合并后能够通过所取得的股权等主导被合并方的生产经营决策并自被合并方的生产经营活动中获益，被合并方在企业合并后仍维持其独立法人资格继续经营的，为控股合并。

该类企业合并中，因合并方通过企业合并交易或事项取得了对被合并方的控制权，被合并方成为其子公司，在企业合并发生后，被合并方应当纳入合并方合并财务报表的编制范围，从合并财务报表角度，形成报告主体的变化。

2. 吸收合并

合并方在企业合并中取得被合并方的全部净资产，并将有关资产、负债并入合并方自身的账簿和报表进行核算。企业合并后，注销被合并方的法人资格，由合并方持有合并中取得的被合并方的资产、负债，在新的基础上继续经营，该类合并为吸收合并。

吸收合并中，因被合并方(或被购买方)在合并发生以后被注销，从合并方(或购买方)的角度来说，需要解决的问题是其在合并日(或购买日)取得的被合并方有关资产、负债入账价值的确定，以及为了进行企业合并支付的对价与所取得被合并方资产、负债的入账价值之间存在差额的处理。

企业合并继后期间，合并方应将合并中取得的资产、负债作为本企业的资产、负债核算。

3. 新设合并

参与合并的各方在企业合并后法人资格均被注销，重新注册成立一家新的企业，由新注册成立的企业持有参与合并各企业的资产、负债在新的基础上经营，为新设合并。

(三)企业合并类型的划分

我国的企业合并准则中，将企业合并按照一定的标准划分为两大基本类型——同一控制下的企业合并与非同一控制下的企业合并。企业合并的类型划分不同，所遵循的会计处理原则也不同。

1. 同一控制下的企业合并

同一控制下的企业合并，是指参与合并的企业在合并前后均受同一方或相同的多方最终控制且该控制并非暂时性的。

2. 非同一控制下的企业合并

非同一控制下的企业合并，是指参与合并各方在合并前后不受同一方或相同的多方最终控制的合并交易。即除判断属于同一控制下企业合并的情况以外其他的企业合并。

二、同一控制下企业合并的处理

同一控制下的企业合并，是从合并方出发，确定合并方在合并日对于企业合并事项应进行的会计处理。合并方，是指取得对其他参与合并企业控制权的一方；合并日，是指合并方实际取得对被合并方控制权的日期。

(一)同一控制下企业合并的处理原则

同一控制下的企业合并，在合并中不涉及自集团外少数股东手中购买股权的情况下，合并方应遵循以下原则进行相关的处理。

(1)同一控制下的企业合并，从最终控制方的角度来看，其在企业合并发生前后能够控制的净资产价值量并没有发生变化，因此合并中不产生新的资产，但被合并方在企业合并前账面上原已确认的商誉应作为合并中取得的资产确认。合并方在合并中确认取得的被合并方的资产、负债仅限于被合并方账面上原已确认的资产和负债，合并中不产生新的资产和负债。

(2)合并方在合并中取得的被合并方各项资产、负债应维持其在被合并方的原账面价值不变。应注意的是，被合并方在企业合并前采用的会计政策与合并方不一致的，应基于重要性原则，首先统一会计政策，即合并方应当按照本企业会计政策对被合并方资产、负债的账面价值进行调整，并以调整后的账面价值作为有关资产、负债的入账价值。

(3)合并方在合并中取得的净资产的入账价值相对于为进行企业合并支付的对价账面价值之间的差额，不作为资产的处置损溢，不影响合并当期利润表，有关差额应调整所有者权益相关项目。应首先调整资本公积(资本溢价或股本溢价)，资本公积(资本溢价或股本溢价)的余额不足冲减的，应冲减留存收益。

(4)对于同一控制下的控股合并，合并方在编制合并财务报表时，应视同合并后形成的报告主体自最终控制方开始实施控制时一直是一体化存续下来的，参与合并各方在合并以前期间实现的留存收益应体现为合并财务报表中的留存收益。合并财务报表中，应以合并方的资本公积(或经调整后的资本公积中的资本溢价部分)为限，在所有者权益内部进行调整，将被合并方在合并日以前实现的留存收益中按照持股比例计算归属于合并方的部分自资本公积转入留存收益。

(二)会计处理

同一控制下的企业合并，视合并方式不同，应当分别按照以下规定进行会计处理。本书中介绍涉及存货的企业合并的处理方式，主要是吸收合并。

同一控制下的吸收合并中，合并方主要涉及合并日取得被合并方资产、负债入账价值的确定，以及合并中取得有关净资产的入账价值与支付的合并对价账面价值之间差额的处理。

1. 合并中取得资产、负债入账价值的确定

合并方对同一控制下吸收合并中取得的资产、负债，应当按照相关资产、负债在被合并方的原账面价值入账。其中，对于合并方与被合并方在企业合并前采用的会计政策不同的，在将被合并方的相关资产和负债并入合并方的账簿和报表进行核算之前，首先应基于重要性原则，统一被合并方的会计政策，即应当按照合并方的会计政策对被合并方的有关资产、负债的账面价值进行调整，以调整后的账面价值确认。

2. 合并差额的处理

合并方在确认了合并中取得的被合并方的资产和负债的入账价值后，以发行权益性证券方式进行的该类合并，所确认的净资产入账价值与发行股份面值总额的差额，应计入资本公积(资本溢价或股本溢价)，资本公积(资本溢价或股本溢价)的余额不足冲减的，相应冲减盈余公积和未分配利润；以支付现金、非现金资产方式进行的该类合并，所确认的净资产入账价值与支付的现金、非现金资产账面价值的差额，相应调整资本公积(资本溢价或股本溢价)，资本公积(资本溢价或股本溢价)的余额不足冲减的，应冲减盈余公积和未分配利润。

【例2-5】2012年6月30日，利达公司向世华公司的股东定向增发1 000万股普通股(每股面值为1元，市价为10.85元)对世华公司进行吸收合并，并于当日取得世华公司净资产。当日，利达公司、世华公司的资产、负债情况如表2-3所示。

表2－3 资产负债表(简表)

2012年6月30日　　　　　　　　　　　　　　　　　　　　单位：万元

项目	利达公司		世华公司	
	账面价值		账面价值	公允价值
资产：				
货币资金	4 312.50		450	450
存货	6 200		255	450
应收账款	3 000		2 000	2 000
长期股权投资	5 000		2 150	3 800
固定资产：				
固定资产原价	10 000		4 000	5 500
减：累计折旧	3 000		1 000	0
固定资产净值	7 000		3 000	
无形资产	4 500		500	1 500
商誉	0		0	0
资产总计	30 012.50		8 355	13 700
负债和所有者权益：				
短期借款	2 500		2 250	2 250
应付账款	3 750		300	300
其他负债	375		300	300
负债合计	6 625		2 850	2 850
实收资本(股本)	7 500		2 500	
资本公积	5 000		1 500	
盈余公积	5 000		500	
未分配利润	5 887.50		1 005	
所有者权益合计	23 387.50		5 505	10 850
负债和所有者权益总计	30 012.50		8 355	13 700

本例中假定利达公司和世华公司为同一集团内两家全资子公司，合并前其共同的母公司为华明公司。该项合并中参与合并的企业在合并前及合并后均为华明公司最终控制，为同一控制下的企业合并。自6月30日开始，利达公司能够对世华公司净资产实施控制，该日即为合并日。

因合并后世华公司失去其法人资格，利达公司应确认合并中取得的世华公司的各项资产和负债，假定利达公司与世华公司在合并前采用的会计政策相同。利达公司对该项合并应进行的账务处理为：

借：货币资金	4 500 000	
库存商品（存货）	2 550 000	
应收账款	20 000 000	
长期股权投资	21 500 000	
固定资产	30 000 000	
无形资产	5 000 000	
贷：短期借款		22 500 000
应付账款		3 000 000
其他应付款（其他负债）		3 000 000
股本		10 000 000
资本公积		45 050 000

三、非同一控制下企业合并的处理

非同一控制下的企业合并，主要涉及到购买方及购买日的确定、企业合并成本的确定、合并中取得各项可辨认资产、负债的确认和计量以及合并差额的处理等。

（一）非同一控制下企业合并的处理原则

非同一控制下的企业合并，是参与合并的一方购买另一方或多方的交易，基本处理原则是购买法。

1. 确定购买方

采用购买法核算企业合并的首要前提是确定购买方，购买方是指在企业合并中取得对另一方或多方控制权的一方。合并中一方取得了另一方半数以上有表决权股份的，除非有明确的证据表明该股份不能形成控制，一般认为取得控股权的一方为购买方。

2. 确定购买日

购买日是购买方获得对被购买方控制权的日期，即企业合并交易进行过程中，发生控制权转移的日期。

3. 确定企业合并成本

企业合并成本包括购买方为进行企业合并支付的现金或非现金资产，发行或承担的债务、发行的权益性证券等在购买日的公允价值。

（二）会计处理

1. 非同一控制下的控股合并

非同一控制下的企业合并中，购买方取得对被购买方控制权的，在购买日应当按照确定的企业合并成本（不包括应自被投资单位收取的现金股利或利润），作为形成的对被购买方长期股权投资的初始投资成本，借记“长期股权投资”科目，按享有被投资单位已宣告但尚未发放的现金股利或利润，借记“应收股利”科目，按支付合并对价的账面价值，贷记有关资产或借记有关负债科目，按其差额，贷记“营业外收入”或借记“营业外支出”等科目。按发生的直接相关费用，借记“管理费用”科目，贷记“银行存款”等科目。

购买方为取得对被购买方的控制权，以支付非货币性资产为对价的，有关非货币性资产在购买日的公允价值与其账面价值的差额，应作为资产的处置损溢，计入合并当期的利润表。其中，以库存商品等作为合并对价的，应按库存商品的公允价值，贷记“主营业务收入”科目，并同时结转相关的成本。

【例2-6】沿用【例2-5】的有关资料，利达公司在该项合并中发行1 000万股普通股（每股面值1元，市场价格为8.75元），取得了世华公司70%的股权。编制购买方于购买日的合并资产负债表。

（1）确认长期股权投资：

借：长期股权投资	8 750	
贷：股本		1 000
资本公积——股本溢价		7 750

(2)计算确定商誉：

假定世华公司除已确认资产外，不存在其他需要确认的资产及负债，则利达公司首先计算合并中应确认的合并商誉：

合并商誉＝企业合并成本－合并中取得被购买方可辨认净资产公允价值份额＝8 750－10 850×70%＝1 155(万元)。

(3)编制抵销分录：

借：存货	195	
长期股权投资	1 650	
固定资产	2 500	
无形资产	1 000	
贷：资本公积		5 345
借：实收资本	2 500	
资本公积	6 845	
盈余公积	500	
未分配利润	1 005	
商誉	1 155	
贷：长期股权投资		8 750
少数股东权益		3 255

(4)编制合并资产负债表，如表2－4所示。

表2－4　合并资产负债表(简表)

2012年6月30日　　　　单位：万元

项　　目	利达公司	世华公司	抵消分录		合并金额
			借方	贷方	
资产：					
货币资金	4 312.50	450			4 762.50
存货	6 200	255	195		6 650
应收账款	3 000	2 000			5 000
长期股权投资	13 750	2 150	1 650	8 750	8 800

（续表）

项　　目	利达公司	世华公司	抵消分录		合并金额
			借方	贷方	
固定资产：					
固定资产原价	10 000	4 000	2 500		16 500
减：累计折旧	3 000	1 000			4 000
无形资产	4 500	500	1 000		6 000
商誉	0	0	1 155		1 155
资产总计	38 762.50	8 355			44 867.50
负债和所有者权益：					
短期借款	2 500	2 250			4 750
应付账款	3 750	300			4 050
其他负债	375	300			675
负债合计	6 625	2 850			9 475
实收资本(股本)	8 500	2 500	2 500		8 500
资本公积	12 750	1 500	6 845	5 345	12 750
盈余公积	5 000	500	500		5 000
未分配利润	5 887.50	1 005	1 005		5 887.50
少数股东权益				3 255	3 255
所有者权益合计	32 137.50	5 505			35 392.50
负债和所有者权益总计	38 762.50	8 355			44 867.50

2. 非同一控制下的吸收合并

非同一控制下的吸收合并，购买方在购买日应当将合并中取得的符合确认条件的各项资产、负债，按其公允价值确认为本企业的资产和负债；作为合并对价的有关非货币性资产在购买日的公允价值与其账面价值的差额，应作为资产的处置损溢计入合并当期的利润表；确定的企业合并成本与所取得的被购买方可辨认净资产公允价值的差额，视情况分别确认为商誉或是作为企业合并当期的损溢计入利润表。其具体处理原则与非同一控制下的控股合并类似，不同点在于在非同一控制下的吸收合并中，合并中取得的可辨认资产和负债是作为个别报表中的项目列示，合并中产生的商誉也是作为购买方账簿及个别财务报表中的资产列示。

第六节 其他方式取得的存货成本

企业取得存货的其他方式主要包括接受投资者投资、非货币性资产交换、债务重组、企业合并以及存货盘盈等。

本节将主要介绍三种取得存货的方式及其成本的确定，如表 2－5 所示。

表 2－5 取得存货的方式及其成本的确定

取得存货的方式	成本的确定
投资者投入存货	按照投资合同或协议约定的价值确定，但合同或协议约定价值不公允的除外。在投资合同或协议约定价值不公允的情况下，按照该项存货的公允价值作为其入账价值
盘盈存货	按其重置成本作为入账价值，并通过“待处理财产损溢”科目进行会计处理，按管理权限报经批准后，冲减当期管理费用
通过提供劳务取得的存货	按从事劳务提供人员的直接人工和其他直接费用以及可归属于该存货的间接费用确定

一、投资者投入存货的成本

投资者投入存货的成本，应当按照投资合同或协议约定的价值确定，但合同或协议约定价值不公允的除外。在投资合同或协议约定价值不公允的情况下，按照该项存货的公允价值作为其入账价值。

【例2－7】2012年1月1日，甲、乙、丙三方共同投资设立了华明责任有限公司(以下简称华明公司)。甲以其生产的产品作为投资(华明公司作为原材料管理和核算)，该批产品的公允价值为5 000 000元。华明公司取得的增值税专用发票上注明的不含税价款为5 000 000元，增值税税额为850 000元。假定华明公司的股本总额为10 000 000元，甲在华明公司享有的份额为35%。华明公司为一般纳税人，适用的增值税税率为17%；华明公司采用实际成本法核算存货。本例中，由于华明公司为一般纳税人，投资合同约定的该项原材料的价值为5 000 000元，因此，华明公司接受的这批原材料的入账价值为5 000 000元，增值税850 000元单独作为可抵扣的进项税额进行核算。

甲在华明公司享有的股本金额＝10 000 000×35%＝3 500 000(元)；

甲在华明公司投资的股本溢价＝5 000 000＋850 000－3 500 000

＝2 350 000(元)。

华明公司的账务处理如下：

借：原材料	5 000 000	
应交税费——应交增值税(进项税额)	850 000	
贷：股本——甲		3 500 000
资本公积——股本溢价		2 350 000

二、盘盈存货的成本

盘盈的存货应按其重置成本作为入账价值，并通过“待处理财产损溢”科目进行会计处理，按管理权限报经批准后，冲减当期“管理费用”。

三、通过提供劳务取得的存货

通过提供劳务取得的存货，其成本按从事劳务提供人员的直接人工和其他直接费用以及可归属于该存货的间接费用确定。

在确定存货成本的过程中，应当注意，下列费用不应当计入存货成本，而应当在其发生时计入当期损溢：

(1)非正常消耗的直接材料、直接人工及制造费用，应计入当期损溢，不得计入存货成本。例如，企业超定额的废品损失以及由自然灾害而发生的直接材料、直接人工及制造费用，由于这些费用的发生无助于使该存货达到目前场所和状态，不应计入存货成本，而应计入当期损溢。

（2）仓储费用，指企业在采购入库后发生的储存费用，应计入当期损溢。但是，在生产过程中为达到下一个生产阶段所必需的仓储费用则应计入存货成本。例如，某种酒类产品生产企业为使生产的酒达到规定的产品质量标准，而必须发生的仓储费用，就应计入酒的成本，而不是计入当期损溢。

（3）不能归属于使存货达到目前场所和状态的其他支出，不符合存货的定义和确认条件，应在发生时计入当期损溢，不得计入存货成本。

（4）企业采购用于广告营销活动的特定商品，向客户预付货款未取得商品时，应作为预付账款进行会计处理，待取得相关商品时计入当期损溢（销售费用）。企业取得广告营销性质的服务，比照该原则进行处理。

第三章 发出存货的计量

第一节 发出存货成本的计量方法

企业应当根据各类存货的实物流转方式、企业管理的要求、存货的性质等实际情况，合理地选择发出存货成本的计算方法，以确定当期发出存货的实际成本。

一、存货成本的计量方法

对于性质和用途相似的存货，应当采用相同的成本计算方法确定存货的成本。企业在确定存货的成本时，可以采用先进先出法、移动加权平均法、月末一次加权平均法和个别计价法等方法进行确认，不得采用后进先出法确定存货的成本。常用方法的介绍如表 3 – 1 所示。

表 3 – 1 存货成本确认的方法及优缺点

方法	优缺点
先进先出法	随时结出存货发出成本和结存存货成本，而且期末存货成本接近于市价。但是，如果存货收发业务较多且存货单价不稳定时，计算工作量较大。另外，在物价持续上升时，采用先进先出法会使发出存货成本偏低，利润偏高
移动加权平均法	可以随时计算存货的平均单位成本，计算出的发出和结存存货的成本比较客观。但是，在存货单价不同的情况下，由于每收入一次(批)存货就要重新计算一次平均单价，计算工作量较大。因此，存货收发频繁的企业不宜采用此法

（续表）

方法	优缺点
月末一次加权平均法	计算手续简便，有利于简化成本计算工作。但是，由于必须到月末才能计算出本月的平均单价，平时在存货明细账上无法反映发出和结存存货的实际成本，不利于存货成本的日常管理与控制
个别计价法	适用于容易识别、存货品种数量不多、单位成本较高的存货计价，如房产、船舶、飞机、重型设备、珠宝、名画等贵重物品

(一)先进先出法

先进先出法是以先购入的存货应先发出(销售或耗用)这样一种存货实物流转假设为前提，对发出存货进行计价。采用这种方法，先购入的存货成本在后购入存货成本之前转出，据此确定发出存货和期末存货的成本。

【例3-1】假设某企业2012年7月份甲材料的入库、发出和结存资料如表3-2所示。

表3-2　材料明细账

材料类别：黑色金属　最高储备量：15 000　计量单位：千克

材料编号：10521　最低储备量：3 000　存放地点：第2号库

名称及规格：甲材料

2012年		摘要	收入		发出数量	结存数量
月	日		数量(千克)	单价(元)		
7	1	期初存货	4 000	2.00		4 000
7	5	购入	6 000	2.10		10 000
7	10	领用			8 000	2 000
7	18	购入	4 000	2.15		6 000
7	23	领用			4 000	2 000
7	28	购入	2 000	2.20		4 000

现以表 3－2 资料为例，运用先进先出法计算发出材料成本，结果如表 3－3 所示。

表 3－3　材料明细账

材料类别：黑色金属　最高储备量：15 000　计量单位：千克

材料编号：10521　最低储备量：3 000　存放地点：第 2 号库

名称及规格：甲材料

2012 年		凭证编号	摘要	收入			发出			结存		
月	日			数量	单价	金额	数量	单价	金额	数量	单价	金额
7	1		期初余额							4 000	2. 00	8 000
7	5	略	购入	6 000	2. 10	12 600				4 000 6 000	2. 00 2. 10	8 000 12 600
7	10		领用				4 000 4 000	2. 00 2. 10	8 000 8 400	2 000	2. 10	4 200
7	18		购入	4 000	2. 15	8 600				2 000 4 000	2. 10 2. 15	4 200 8 600
7	23		领用				2 000 2 000	2. 10 2. 15	4 200 4 300	2 000	2. 15	4 300
7	28		购入	2 000	2. 20	4 400				2 000 2 000	2. 15 2. 20	4 300 4 400
7	31		余额	12 000		25 600	12 000		24 900	2 000 2 000	2. 15 2. 20	4 300 4 400

应注意，先进先出法可以随时结出存货发出成本和结存存货成本，而且期末存货成本接近于市价。但是，如果存货收发业务较多且存货单价不稳定时，计算工作量较大。另外，在物价持续上升时，采用先进先出法会使发出存货成本偏低，利润偏高。

（二）移动加权平均法

移动加权平均法，是指以每次进货的成本加上原有库存存货的成本，除以每次进货数量与原有库存存货的数量之和，据以计算加权平均单位成本，作为在下次进货前计算各次发出存货成本的依据。计算公式如下：

$$存货单位成本=\frac{原有库存存货的实际成本+本次进货的实际成本}{原有库存存货数量+本次进货数量}$$

本次发出存货的成本＝本次发出存货数量×本次发货前的存货单位成本

本月月末库存存货成本＝月末库存存货的数量×本月月末存货单位成本

【例3－2】仍沿用表3－2的资料，运用移动平均法计算发出材料成本，结果如表3－4所示。

表3－4　材料明细账

材料类别：黑色金属　最高储备量：15 000　计量单位：千克

材料编号：10521　最低储备量：3 000　存放地点：第2号库

名称及规格：甲材料

2012年		摘要	收入			发出			结存		
月	日		数量	单价	金额	数量	单价	金额	数量	单价	金额
7	1	期初余额							4 000	2.00	8 000
7	5	购入	6 000	2.10	12 600				10 000	2.06	20 600
7	10	领用				8 000	2.06	16 480	2 000	2.06	4 120
7	18	购入	4 000	2.15	8 600				6 000	2.12	12 720
7	23	领用				4 000	2.12	8 480	2 000	2.12	4 240
7	28	购入	2 000	2.20	4 400				4 000	2.16	8 640
7	31	本期发出额及期末余额	12 000		25 600	12 000		24 960	4 000	2.16	8 640

(8 000＋12 600)÷(4 000＋6 000)＝2.06(元)；

(4 120＋8 600)÷(2 000＋4 000)＝2.12(元)；

(4 240＋4 400)÷(2 000＋2 000)＝2.16(元)。

采用移动平均法可以随时计算存货的平均单位成本，计算出的发出和结存存货的成本比较客观。但是，在存货单价不同的情况下，由于每收入一次(批)存货就要重新计算一次平均单价，计算工作量较大。因此，存货收发频繁的企业不宜采用此法。

（三）月末一次加权平均法

月末一次加权平均法，是指以当月全部进货数量加上月初存货数量作为权数，去除当月全部进货成本加上月初存货成本，计算出存货的加权平均单位成本，以此为基础计算当月发出存货成本和期末存货成本的一种方法。

$$存货单位成本=\frac{\begin{matrix}月初库存存货\\的实际成本\end{matrix}+\sum\left(\begin{matrix}本月某批进货\\的实际单位成本\end{matrix}\times\begin{matrix}本月某批\\进货的数量\end{matrix}\right)}{月初库存存货数量+本月各批进货数量之和}$$

本月发出存货的成本＝本月发出存货的数量×存货单位成本

本月月末库存存货成本＝月末库存存货的数量×存货单位成本

【例3－3】沿用表3－2的资料，运用月末一次加权平均法计算发出材料成本，结果如表3－5所示。

表3－5　材料明细账

材料类别：黑色金属　最高储备量：15 000　计量单位：千克

材料编号：10521　最低储备量：3 000　存放地点：第2号库

名称及规格：甲材料

2012年		凭证编号	摘要	收入			发出			结存		
月	日			数量	单价	金额	数量	单价	金额	数量	单价	金额
7	1		期初余额							4 000	2.00	8 000
7	5	略	购入	6 000	2.10	12 600				10 000		
7	10		领用				8 000			2 000		
7	18		购入	4 000	2.15	8 600				6 000		
7	23		领用				4 000			2 000		
7	28		购入	2 000	2.20	4 400				4 000		
7	31		本期发出额及期末余额	12 000		25 600	12 000	2.10	25 200	4 000	2.10	8 400

甲材料的平均单价 =(8 000 +25 600) ÷(4 000 +12 000) =2.10(元)；

发出材料的金额 =12 000 ×2.10 =25 200(元)；

期末结存材料金额 =4 000 ×2.10 =8 400(元)。

加权平均法计算手续简便，有利于简化成本计算工作。但是，由于必须到月末才能计算出本月的平均单价，平时在存货明细账上无法反映发出和结存存货的实际成本，因此不利于存货成本的日常管理与控制。

(四)个别计价法

个别计价法，亦称个别认定法、具体辨认法、分批实际法，其特征是注重所发出存货具体项目的实物流转与成本流转之间的联系，逐一辨认各批发出存货和期末存货所属的购进批别或生产批别，分别按其购入或生产时所确定的单位成本计算各批发出存货和期末存货的成本。即把每一种存货的实际成本作为计算发出存货成本和期末存货成本的基础。对于不能替代使用的存货、为特定项目专门购入或制造的存货以及提供的劳务，通常采用个别计价法确定发出存货的成本。在实际工作中，越来越多的企业采用计算机信息系统进行会计处理，个别计价法可以广泛应用于发出存货的计价，并且该方法确定的存货成本最为准确。

采用这种方法，计算发出存货的成本和期末存货的成本比较合理、准确，但这种方法的前提是需要对发出和结存存货的批次进行具体认定，以辨别其所属的收入批次，因此实务操作的工作量繁重，困难较大。

个别计价法适用于容易识别、存货品种数量不多、单位成本较高的存货计价，如房产、船舶、飞机、重型设备、珠宝、名画等贵重物品。

二、存货成本的结转

企业销售存货，应当将已售存货的成本结转为当期损溢，计入营业成本。这就是说，企业在确认存货销售收入的当期，应当将已经销售存货的成本结转为当期营业成本。(具体见本章第二节)

存货为商品、产成品的，企业应采用先进先出法、移动加权平均法、月末一次加权平均法和个别计价法确定已销售商品的实际成本。存货为非商品存货的，如材料等，应将已出售的材料的实际成本予以结转，计入当期其他业务成本。这里所讲的材料销售不构成企业的主营业务，如果材料销售构成了企业的主营业务，则该材料为企业的商品存货，而不是非商品存货。

对已售存货计提了存货跌价准备的，还应结转已计提的存货跌价准备，冲减当期主营业务成本或其他业务成本，实际上是按已售产成品或商品的账面价值结转主营业务成本或其他业务成本。企业按存货类别计提存货跌价准备的，也应按比例结转相应的存货跌价准备。

企业的周转材料(如包装物和低值易耗品)符合存货定义和确认条件的，按照使用次数分次计入成本费用。金额较小的，可在领用时一次计入成本费用，以简化核算，但为加强实物管理，应当在备查簿上进行登记。

企业因非货币性资产交换、债务重组等转出的存货成本，可分别参见第二章第三节“非货币性资产交换”和第二章第四节“债务重组”。

第二节　商品的一般销售

一、销售商品的收入的确认和计量

商品包括企业为销售而生产的产品和为转售而购进的商品，如工业企业生产的产品、商业企业购进的商品等，企业销售的其他存货，如原材料、包装物等，也视同企业的商品。

销售商品的收入同时满足下列条件的，才能予以确认：(1)企业已将商品所有权上的主要风险和报酬转移给购货方；(2)企业既没有保留通常与所有权相联系的继续管理权，也没有对已售出的商品实施有效控制；(3)收入的金额能够可靠地计量；(4)相关的经济利益很可能流入企业；(5)相关的已发生或将发生的成本能够可靠地计量。具体分述如下：

(一)企业已将商品所有权上的主要风险和报酬转移给购货方

企业已将商品所有权上的主要风险和报酬转移给购货方，是指与商品所有权有关的主要风险和报酬同时转移给了购货方。其中，与商品所有权有关的风险，是指商品可能发生减值或毁损等形成的损失；与商品所有权有关的报酬，是指商品价值增值或通过使用商品等形成的经济利益。

判断企业是否已将商品所有权上的主要风险和报酬转移给购货方，应当关注交易的实质，而不是形式，并结合所有权凭证的转移或实物的交付进行判断。如果与商品所有权有关的任何损失均不需要销货方承担，与商品所有权有关的任何经济利益也不归销货方所有，就意味着商品所有权上的主要风险和报酬转移给了购货方。

（1）通常情况下，转移商品所有权凭证并交付实物后，商品所有权上的所有风险和报酬随之转移，如大多数零售商品。

（2）某些情况下，转移商品所有权凭证或交付实物后，商品所有权上的主要风险和报酬随之转移，企业只保留商品所有权上的次要风险和报酬，如交款提货方式销售商品。在这种情形下，应当视同商品所有权上的所有风险和报酬已经转移给购货方。

【例3-4】华明公司销售一批商品给宏业公司。宏业公司已根据华明公司开出的发票账单支付了货款，取得了提货单，但是华明公司尚未将商品移交宏业公司。

根据本例的资料，华明公司采用交款提货的销售方式，即购买方已根据销售方开出的发票账单支付货款，并取得卖方开出的提货单。在这种情况下，购买方支付货款并取得提货单，说明商品所有权上的主要风险和报酬已转移给购买方，虽然商品未实际交付，华明公司仍可以认为商品所有权上的主要风险和报酬已经转移，在同时满足销售商品收入确认的其他条件时，应当确认收入。

（3）某些情况下，转移商品所有权凭证或交付实物后，商品所有权上的主要风险和报酬并未随之转移。

① 企业销售的商品在质量、品种、规格等方面不符合合同或协议要求，又未根据正常的保证条款予以弥补，因而仍负有责任。

【例3-5】华明公司向宏业公司销售一批商品，商品已经发出，宏业公司已经预付部分货款，剩余货款由宏业公司开出一张商业承兑汇票，销售发票账单已交付宏业公司。宏业公司收到商品后，发现商品质量没有达到合同约定的要求，立即根据合同有关条款与华明公司交涉，要求在价格上给予一定折让，否则要求退货。双方没有就此达成一致意见，华明公司也未采取任何补救措施。

根据本例的资料，尽管商品已经发出，并将发票账单交付买方，同时收到部分货款，但是由于双方在商品质量的弥补方面未达成一致意见，说明购买方尚未正式接受商品，商品可能被退回。因此，商品所有权上的主要风险和报酬仍保留在华明公司，没有随商品所有权凭证的转移或实物的交付而转移，不能确认收入。

② 企业销售商品的收入是否能够取得，取决于购买方是否已将商品销售出去。如采用支付手续费方式委托代销商品等。

支付手续费方式委托代销商品，是指委托方和受托方签订合同或协议，委托方根据代销商品金额或数量向受托方支付手续费的销售方式。在这种方式下，委托方发出商品时，商品所有权上的主要风险和报酬并未转移给受托方，委托方在发出商品时通常不应确认销售商品收入，通常可在收到受托方开出的代销清单时确认销售商品收入；受托方应在商品销售后，按合同或协议约定的方法计算确定的手续费确认收入。

③ 企业尚未完成售出商品的安装或检验工作，且安装或检验工作是销售合同或协议的重要组成部分。

【例3-6】华明公司向宏业公司销售一部电梯，电梯已经运抵宏业公司，发票账单已经交付，同时收到部分货款。合同约定，华明公司应负责该电梯的安装工作，在安装工作结束并经宏业公司验收合格后，宏业公司应立即支付剩余货款。

根据本例的资料，电梯安装调试工作通常是电梯销售合同的重要组成部分，在安装过程中可能会发生一些不确定因素，影响电梯销售收入的实现。因此，电梯实物的交付并不表明商品所有权上的主要风险和报酬随之转移，不能确认收入。

需要说明的是，在需要安装或检验的销售中，如果安装程序比较简单或检验是为了最终确定合同或协议价格而必须进行的程序，企业可以在发出商品时确认收入。

④ 销售合同或协议中规定了买方由于特定原因有权退货的条款，且企业又不能确定退货的可能性。

【例3-7】华明公司为推销一种新产品，承诺凡购买新产品的客户均有一个月的试用期，在试用期内如果对产品使用效果不满意，华明公司无条件给予退货。该种新产品已交付买方，货款已收讫。

根据本例的资料，华明公司虽然已将产品售出，并已收到货款。但是由于是新产品，华明公司无法估计退货的可能性，这表明产品所有权上的主要风险和报酬并未随实物的交付而发生转移，不能确认收入。

（二）企业既没有保留通常与所有权相联系的继续管理权，也没有对已售出的商品实施有效控制

通常情况下，企业售出商品后不再保留与商品所有权相联系的继续管理权，也不再对售出商品实施有效控制，商品所有权上的主要风险和报酬已经转移给购货方，通常应在发出商品时确认收入。

【例3-8】华明公司属于房地产开发商。华明公司将住宅小区销售给业主后，接受业主委托代售住宅小区商品房并管理住宅小区物业。

根据本例的资料，华明公司接受业主委托代售住宅小区商品房并管理住宅小区物业，是与住宅小区销售无关的另一项提供劳务的交易。华明公司虽然仍对住宅小区进行管理，但这种管理与住宅小区的所有权无关，因为住宅小区的所有权属于业主。

【例3－9】宏业公司属于软件开发公司。宏业公司销售某成套软件给客户后，接受客户委托对该成套软件进行日常有偿维护管理。根据本例的资料，宏业公司接受客户委托对成套软件进行日常有偿维护管理，是与成套软件销售无关的另一项提供劳务的交易。宏业公司虽然仍对该成套软件进行管理，但这种管理与成套软件所有权无关，因为成套软件的所有权属于客户。

（三）收入的金额能够可靠地计量

收入的金额能够可靠地计量，是指收入的金额能够合理地估计。如果收入的金额不能够合理地估计，则无法确认收入。通常情况下，企业在销售商品时，商品销售价格已经确定，企业应当按照从购货方已收或应收的合同或协议价款确定收入金额。如果销售商品涉及现金折扣、商业折扣、销售折让等因素，应当在考虑这些因素后确定销售商品收入金额。如果企业从购货方应收的合同或协议价款延期收取具有融资性质，企业应按应收的合同或协议价款的公允价值确定销售商品收入金额。

有时，由于销售商品过程中某些不确定因素的影响，也有可能存在商品销售价格发生变动的情况，如附有销售退回条件的商品销售。如果企业不能合理估计退货的可能性，就不能够合理地估计收入的金额，不应在发出商品时确认收入，而应当在售出商品退货期满、销售商品收入金额能够可靠计量时确认收入。

企业从购货方已收或应收的合同协议价款不公允的，企业应按公允的交易价格确定收入金额，不公允的价款不应确定为收入金额。

（四）相关的经济利益很可能流入企业

相关的经济利益很可能流入企业，是指销售商品价款收回的可能性大于不能收回的可能性，即销售商品价款收回的可能性超过50%。企业在确定销售商品价款收回的可能性时，应当结合以前和买方交往的直接经验、政府有关政策、其他方面取得信息等因素进行综合分析。企业销售的商品符合合同或协议要求，已将发票账单交付买方，买方承诺付款，通常表明满足本确认条件（相关的经济利益很可能流入企业）。如果企业根据以前与买方交往的直接经验判断买方信誉较差，或销售时得知买方在另一项交易中发生了巨额亏损、资金周转十分困难，或在出口商品时不能肯定进口企业所在国政府是否允许将款项汇出等，就可能会出现与销售商品相关的经济利益不能流入企业的情况，不应确认收入。如果企业判断销售商品收入满足确认条件确认了一笔应收债权，以后由于购货方资金周转困难无法收回该债权时，不应调整原确认的收入，而应对该债权计提坏账准备、确认坏账损失。

(五)相关的已发生或将发生的成本能够可靠地计量

通常情况下，销售商品相关的已发生或将发生的成本能够合理地估计，如库存商品的成本等。如果库存商品是本企业生产的，其生产成本能够可靠计量；如果是外购的，购买成本能够可靠计量。有时，销售商品相关的已发生或将发生的成本不能够合理地估计，此时企业不应确认收入，已收到的价款应确认为负债。

【例3-10】华明公司与宏业公司签订协议，约定华明公司生产并向宏业公司销售一台大型设备。限于自身生产能力不足，华明公司委托丙公司生产该大型设备的一个主要部件。华明公司与丙公司签订的协议约定，丙公司生产该主要部件发生的成本经华明公司认定后，其金额的110%即为华明公司应支付给丙公司的款项。假定华明公司本身负责的部件生产任务和丙公司负责的部件生产任务均已完成，并由华明公司组装后运抵宏业公司，宏业公司验收合格后及时支付了货款。但是，丙公司尚未将由其负责的部件相关的成本资料交付华明公司认定。

本例中，虽然华明公司已将大型设备交付宏业公司，且已收到货款。但是，华明公司为该大型设备发生的相关成本因丙公司相关资料未送达而不能可靠地计量，也不能合理估计。因此，华明公司收到货款时不应确认为收入。

如果华明公司为该大型设备发生的相关成本因丙公司相关资料未送达而不能可靠地计量，但是华明公司基于以往经验能够合理估计出该大型设备的成本，仍可以认为满足本确认条件。

二、销售商品收入的会计处理

（一）通常情况下销售商品收入的处理

确认销售商品收入时，企业应按已收或应收的合同或协议价款，加上应收取的增值税额，借记“银行存款”、“应收账款”、“应收票据”等科目，按确定的收入金额，贷记“主营业务收入”、“其他业务收入”等科目，按应收取的增值税额，贷记“应交税费——应交增值税（销项税额）”科目；同时或在资产负债表日，按应交纳的消费税、资源税、城市维护建设税、教育费附加等税费金额，借记“营业税金及附加”科目，贷记“应交税费——应交消费税（或应交资源税、应交城市维护建设税等）”科目。

如果售出商品不符合收入确认条件，则不应确认收入，已经发出的商品，应当通过“发出商品”科目进行核算。

（二）托收承付方式销售商品的处理

托收承付，是指企业根据合同发货后，委托银行向异地付款单位收取款项，由购货方向银行承诺付款的销售方式。在这种销售方式下，企业通常应在发出商品且办妥托收手续时确认收入。如果商品已经发出且办妥托收手续，但由于各种原因与发出商品所有权有关的风险和报酬没有转移的，企业不应确认收入。

【例3-11】华明公司在2012年3月12日向宏业公司销售一批商品，开出的增值税专用发票上注明的销售价格为200 000元，增值税税额为34 000元，款项尚未收到；该批商品成本为120 000元。华明公司在销售时已知宏业公司资金周转发生困难，但为了减少存货积压，同时也为了维持与宏业公司长期建立的商业关系，华明公司仍将商品发往宏业公司且办妥托收手续。假定华明公司销售该批商品的增值税纳税义务已经发生。

根据本例的资料，由于宏业公司资金周转存在困难，因而华明公司在货款回收方面存在较大的不确定性，与该批商品所有权有关的风险和报酬没有转移给宏业公司。根据销售商品收入的确认条件，华明公司在发出商品且办妥托收手续时不能确认收入，已经发出的商品成本应通过“发出商品”科目反映。华明公司的账务处理如下。

(1)2012 年 3 月 12 日发出商品时：

借：发出商品　　120 000

　　贷：库存商品　　120 000

同时，将增值税专用发票上注明的增值税税额转入应收账款：

借：应收账款　　34 000

　　贷：应交税费——应交增值税(销项税额)　　34 000

(注：如果销售该商品的增值税纳税义务尚未发生，则不编制这笔分录，待纳税义务发生时再编制应交增值税的分录)

(2)2012 年 6 月 10 日，华明公司得知宏业公司经营情况逐渐好转，宏业公司承诺近期付款时：

借：应收账款　　200 000

　　贷：主营业务收入　　200 000

借：主营业务成本　　120 000

　　贷：发出商品　　120 000

(3)2012 年 6 月 20 日收到款项时：

借：银行存款　　234 000

　　贷：应收账款　　234 000

(三)销售商品涉及现金折扣、商业折扣、销售折让的处理

企业销售商品有时也会遇到现金折扣、商业折扣、销售折让等问题，应当分别不同情况进行处理：

(1)现金折扣，是指债权人为鼓励债务人在规定的期限内付款而向债务人提供的债务扣除。企业销售商品涉及现金折扣的，应当按照扣除现金折扣前的金额确定销售商品收入金额，现金折扣在实际发生时计入财务费用。

(2)商业折扣，是指企业为促进商品销售而在商品标价上给予的价格扣除。企业销售商品涉及商业折扣的，应当按照扣除商业折扣后的金额确定销售商品收入金额。

(3)销售折让，是指企业因售出商品的质量不合格等原因而在售价上给予

的减让。对于销售折让，企业应分别不同情况进行处理：①已确认收入的售出商品发生销售折让的，通常应当在发生时冲减当期销售商品收入；②已确认收入的销售折让属于资产负债表日后事项的，应当按照有关资产负债表日后事项的相关规定进行处理。

【例 3－12】 华明公司在 2012 年 7 月 1 日向宏业公司销售一批商品，开出的增值税专用发票上注明的销售价款为 20 000 元，增值税税额为 3 400 元。为及早收回货款，华明公司和宏业公司约定的现金折扣条件为：2/10，1/20，n/30。假定计算现金折扣时不考虑增值税税额。华明公司的账务处理如下：

(1)7 月 1 日销售实现时，按销售总价确认收入。

借：应收账款	23 400	
贷：主营业务收入		20 000
应交税费——应交增值税(销项税额)		3 400

(2)如果宏业公司在 7 月 9 日付清货款，则按销售总价 20 000 元的 2% 享受现金折扣 400(20 000 × 2%)元，实际付款 23 000(23 400 － 400)元。

借：银行存款	23 000	
财务费用	400	
贷：应收账款		23 400

(3)如果宏业公司在 7 月 18 日付清货款，则按销售总价 20 000 元的 1% 享受现金折扣 200(20 000 × 1%)元，实际付款 23 200(23 400 － 200)元。

借：银行存款	23 200	
财务费用	200	
贷：应收账款		23 400

(4)如果宏业公司在 7 月底才付清货款，则按全额付款。

借：银行存款	23 400	
贷：应收账款		23 400

【例3-13】华明公司向宏业公司销售一批商品，开出的增值税专用发票上注明的销售价款为800 000元，增值税税额为136 000元。宏业公司在验收过程中发现商品质量不合格，要求在价格上给予5%的折让。假定华明公司已确认销售收入，款项尚未收到，已取得税务机关开具的红字增值税专用发票。华明公司的账务处理如下。

(1)销售实现时：

借：应收账款　　936 000

　　贷：主营业务收入　　800 000

　　　　应交税费——应交增值税(销项税额)　　136 000

(2)发生销售折让时：

借：主营业务收入　　40 000

　　应交税费——应交增值税(销项税额)　　6 800

　　贷：应收账款　　46 800

(3)实际收到款项时：

借：银行存款　　889 200

　　贷：应收账款　　889 200

(四)销售退回的处理

销售退回，是指企业售出的商品由于质量、品种不符合要求等原因而发生的退货。对于销售退回，企业应分别不同情况进行会计处理：

(1)对于未确认收入的售出商品发生销售退回的，企业应按已记入“发出商品”科目的商品成本金额，借记“库存商品”科目，贷记“发出商品”科目。

(2)对于已确认收入的售出商品发生退回的，企业应在发生时冲减当期销售商品收入，同时冲减当期销售商品成本。如该项销售退回已发生现金折扣的，应同时调整相关财务费用的金额；如该项销售退回允许扣减增值税额的，应同时调整“应交税费——应交增值税(销项税额)”科目的相应金额。

(3)已确认收入的售出商品发生的销售退回属于资产负债表日后事项的，应当按照有关资产负债表日后事项的相关规定进行会计处理。

【例3-14】华明公司在2011年12月18日向宏业公司销售一批商品，开出的增值税专用发票上注明的销售价款为50 000元，增值税税额为8 500元。该批商品成本为26 000元。为及早收回货款，华明公司和宏业公司约定的现金折扣条件为：2/10，1/20，n/30。宏业公司在2011年12月27日支付货款。2012年4月5日，该批商品因质量问题被宏业公司退回，华明公司当日支付有关款项。假定计算现金折扣时不考虑增值税，且销售退回不属于资产负债表日后事项。华明公司的账务处理如下：

(1)2011年12月18日销售实现，按销售总价确认收入时。

借：应收账款 58 500

贷：主营业务收入 50 000

应交税费——应交增值税(销项税额) 8 500

借：主营业务成本 26 000

贷：库存商品 26 000

(2)在2011年12月27日收到货款时，按销售总价50 000元的2%享受现金折扣1 000(50 000×2%)元，实际收款57 500(58 500-1 000)元。

借：银行存款 57 500

财务费用 1 000

贷：应收账款 58 500

(3)2012年4月5日发生销售退回时。

借：主营业务收入 50 000

应交税费——应交增值税(销项税额) 8 500

贷：银行存款 57 500

财务费用 1 000

借：库存商品 26 000

贷：主营业务成本 26 000

第三节　特殊销售商品业务的处理

企业会计实务中，可能遇到一些特殊的销售商品业务。在将销售商品收入和计量原则运用于特殊销售商品收入的会计处理时，应结合这些特殊销售商品交易的形式，并注重交易的实质。

一、代销商品

代销商品分别以下情况进行处理。

(一)视同买断方式

视同买断方式代销商品，是指委托方和受托方签订合同或协议，委托方按合同或协议收取代销的货款，实际售价由受托方自定，实际售价与合同或协议价之间的差额归受托方所有。如果委托方和受托方之间的协议明确标明，受托方在取得代销商品后，无论能否卖出、是否获利，均与委托方无关，那么，委托方和受托方之间的代销商品交易，与委托方直接销售商品给受托方没有实质区别，在符合销售商品收入确认条件时，委托方应确认相关销售商品收入。如果委托方和受托方之间的协议明确标明，将来受托方没有将商品售出时可以将商品退回给委托方，或受托方因代销商品出现亏损时可以要求委托方补偿，那么，委托方在交付商品时通常不确认收入，受托方也不作购进商品处理，受托方将商品销售后，按实际售价确认销售收入，并向委托方开具代销清单，委托方收到代销清单时，再确认本企业的销售收入。

【例3－15】华明公司委托宏业公司销售商品100件，协议价为200元/件，成本为120元/件。代销协议约定，乙企业在取得代销商品后，无论能否卖出、是否获利，均与华明公司无关。这批商品已经发出，货款尚未收到，华明公司开出的增值税专用发票上注明的增值税税额为3 400元。

根据本例的资料，华明公司采用视同买断方式委托宏业公司代销商品。因此，华明公司在发出商品时的账务处理如下：

借：应收账款　23 400

　贷：主营业务收入　20 000

　　应交税费——应交增值税(销项税额)　3 400

借：主营业务成本　12 000

　贷：库存商品　12 000

(二)收取手续费方式

在这种方式下，委托方在发出商品时通常不应确认销售商品收入，而应在收到受托方开出的代销清单时确认销售商品收入；受托方应在商品销售后，按合同或协议约定的方法计算确定的手续费确认收入。

【例3-16】华明公司委托丙公司销售商品200件，商品已经发出，每件成本为60元。合同约定丙公司应按每件100元对外销售，华明公司按不含增值税的售价的10%向丙公司支付手续费。丙公司对外实际销售100件，开出的增值税专用发票上注明的销售价款为10 000元，增值税税额为1 700元，款项已经收到。华明公司收到丙公司开具的代销清单时，向丙公司开具一张相同金额的增值税专用发票。假定华明公司发出商品时纳税义务尚未发生，不考虑其他因素。

(1)华明公司的账务处理如下。

①发出商品时：

借：发出商品　12 000

　贷：库存商品　12 000

②收到代销清单时：

借：应收账款　11 700

　贷：主营业务收入　10 000

　　应交税费——应交增值税(销项税额)　1 700

借：主营业务成本　　6 000

　　贷：发出商品　　6 000

借：销售费用　　1 000

　　贷：应收账款　　1 000

③ 收到丙公司支付的货款时：

借：银行存款　　10 700

　　贷：应收账款　　10 700

(2)丙公司的账务处理如下。

① 收到商品时：

借：受托代销商品　　20 000

　　贷：受托代销商品款　　20 000

② 对外销售时：

借：银行存款　　11 700

　　贷：应付账款　　10 000

　　　　应交税费——应交增值税(销项税额)　　1 700

③ 收到增值税专用发票时：

借：应交税费——应交增值税(进项税额)　　1 700

　　贷：应付账款　　1 700

借：受托代销商品款　　10 000

　　贷：受托代销商品　　10 000

④ 支付货款并计算代销手续费时：

借：应付账款　　11 700

　　贷：银行存款　　10 700

　　　　其他业务收入　　1 000

二、预收款销售商品

预收款销售商品，是指购买方在商品尚未收到前按合同或协议约定分期付款，销售方在收到最后一笔款项时才交货的销售方式。在这种方式下，销售方直到收到最后一笔款项才将商品交付购货方，表明商品所有权上的主要风险和报酬只有在收到最后一笔款项时才转移给购货方，企业通常应在发出商品时确认收入，在此之前预收的货款应确认为负债。

【例3-17】 华明公司与宏业公司签订协议，采用预收款方式向宏业公司销售一批商品。该批商品实际成本为700 000元。协议约定，该批商品销售价格为1 000 000元，增值税额为170 000元；宏业公司应在协议签订时预付60%的货款(按不含增值税销售价格计算)，剩余货款于两个月后支付。华明公司的账务处理如下：

(1)收到60%货款时：

借：银行存款	600 000	
贷：预收账款		600 000

(2)收到剩余货款及增值税额并确认收入时：

借：预收账款	600 000	
银行存款	570 000	
贷：主营业务收入		1 000 000
应交税费——应交增值税(销项税额)		170 000
借：主营业务成本	700 000	
贷：库存商品		700 000

三、具有融资性质的分期收款销售商品

企业销售商品，有时会采取分期收款的方式，如分期收款发出商品，即商品已经交付，货款分期收回。如果延期收取的货款具有融资性质，其实质是企业向购货方提供免息的信贷，在符合收入确认条件时，企业应当按照应收的合同或协议价款的公允价值确定收入金额。应收的合同或协议价款的公允价值，通常应当按照其未来现金流量现值或商品现销价格计算确定。

应收的合同或协议价款与其公允价值之间的差额，应当在合同或协议期间内，按照应收款项的摊余成本和实际利率计算确定的金额进行摊销，作为

财务费用抵减处理。其中，实际利率是指具有类似信用等级的企业发行类似工具的现时利率，或者将应收的合同或协议价款折现为商品现销价格时的折现率等。在实务中，基于重要性要求，应收的合同或协议价款与其公允价值之间的差额，按照应收款项的摊余成本和实际利率进行摊销，与采用直线法进行摊销结果相差不大的，也可以采用直线法进行摊销。

【例 3－18】2008 年 1 月 1 日，华明公司采用分期收款方式向宏业公司销售一套大型设备，合同约定的销售价格为 2 000 万元，分 5 次于每年 12 月 31 日等额收取。该大型设备为 1 560 万元。在现销方式下，该大型设备的销售价格为 1 600 万元。假定华明公司发出商品时，其有关的增值税纳税义务尚未发生，在合同约定的收款日期，发生有关的增值税纳税义务。

根据本例的资料，华明公司应当确认的销售商品收入金额为 1 600 万元。

根据公式：未来五年收款额的现值＝现销方式下应收款项金额

可以得出：

400×(P/A，r，5)＝1 600(万元)。

可在多次测试的基础上，用插值法计算折现率。

当 r＝7% 时，400×4.1002＝1 640.08＞1 600 万元；

当 r＝8% 时，400×3.9927＝1 591.08＜1 600 万元；

因此，7%＜r＜8%。用插值法计算如下：

现值	利率
1 640.08	7%
1 600	r
1 597.08	8%

$$\frac{1\,640.08-1\,600}{1\,640.08-1\,597.08}=\frac{7\%-r}{7\%-8\%}$$

r＝7.93%

每期计入财务费用的金额如表 3－6 所示。

表 3-6 财务费用和已收本金计算表

单位：万元

年份(t)	未收本金 $A_t = A_{t-1} - D_{t-1}$	财务费用 $B = A \times 7.93\%$	收现总额 C	已收本金 $D = C - B$
2008 年 1 月 1 日	1 600			
2008 年 12 月 31 日	1 600	126.88	400	273.12
2009 年 12 月 31 日	1 326.88	105.22	400	294.78
2010 年 12 月 31 日	1 032.10	81.85	400	318.15
2011 年 12 月 31 日	713.95	56.62	400	343.38
2012 年 12 月 31 日	370.57	29.43*	400	370.57
总　额		400	2 000	1 600

29.43* =400-126.88-105.22-81.85-56.62

根据表 3-6 的计算结果，华明公司各期的会计分录如下。

(1)2008 年 1 月 1 日，销售实现时：

借：长期应收款　　20 000 000

　贷：主营业务收入　　16 000 000

　　　未实现融资收益　　4 000 000

借：主营业务成本　　15 600 000

　贷：库存商品　　15 600 000

(2)2008 年 12 月 31 日，收取货款和增值税税额时：

借：银行存款　　4 680 000

　贷：长期应收款　　4 000 000

　　　应交税费——应交增值税(销项税额)　　680 000

借：未实现融资收益　　1 268 800

　贷：财务费用　　1 268 800

(3)2009 年 12 月 31 日，收取货款和增值税税额时：

借：银行存款　　4 680 000

　贷：长期应收款　　4 000 000

　　　应交税费——应交增值税(销项税额)　　680 000

借：未实现融资收益　　1 052 200

　　贷：财务费用　　1 052 00

(4)2010 年 12 月 31 日，收取货款和增值税税额时：

借：银行存款　　4 680 000

　　贷：长期应收款　　4 000 000

　　　　应交税费——应交增值税(销项税额)　　680 000

借：未实现融资收益　　818 500

　　贷：财务费用　　818 500

(5)2011 年 12 月 31 日，收取货款和增值税税额时：

借：银行存款　　4 680 000

　　贷：长期应收款　　4 000 000

　　　　应交税费——应交增值税(销项税额)　　680 000

借：未实现融资收益　　566 200

　　贷：财务费用　　566 200

(6)2012 年 12 月 31 日，收取货款和增值税税额时：

借：银行存款　　4 680 000

　　贷：长期应收款　　4 000 000

　　　　应交税费——应交增值税(销项税额)　　680 000

借：未实现融资收益　　294 300

　　贷：财务费用　　294 300

四、附有销售退回条件的商品销售

附有销售退回条件的商品销售，指购买方依照有关协议有权退货的销售方式。在这种销售方式下，企业根据以往经验能够合理估计退货可能性且确认与退货相关负债的，通常应在发出商品时确认收入；企业不能合理估计退货可能性的，通常应在售出商品退货期满时确认收入。

【例3-19】华明公司是一家健身器材销售公司。2012年1月1日，华明公司向宏业公司销售5 000件健身器材，单位销售价格为500元，单位成本为400元，开出的增值税专用发票上注明的销售价款为2 500 000元，增值税税额为425 000元。协议约定，宏业公司应于2月1日之前支付货款，在6月30日之前有权退还健身器材。健身器材已经发出，款项尚未收到。假定华明公司根据过去的经验，估计该批健身器材退货率约为20%；健身器材发出时纳税义务已经发生；实际发生销售退回时取得税务机关开具的红字增值税专用发票。华明公司的账务处理如下。

(1)1月1日，发出健身器材时：

借：应收账款　2 925 000

　贷：主营业务收入　2 500 000

　　应交税费——应交增值税(销项税额)　425 000

借：主营业务成本　2 000 000

　贷：库存商品　2 000 000

(2)1月31日，确认估计的销售退回时：

借：主营业务收入　500 000

　贷：主营业务成本　400 000

　　预计负债　100 000

(3)2月1日前，收到货款时：

借：银行存款　2 925 000

　贷：应收账款　2 925 000

(4)6月30日，发生销售退回，实际退货量为1 000件，款项已经支付：

借：库存商品　400 000

　应交税费——应交增值税(销项税额)　85 000

　预计负债　100 000

　贷：银行存款　585 000

如果实际退货量为800件时：

借：库存商品　320 000

　应交税费——应交增值税(销项税额)　68 000

主营业务成本 80 000

预计负债 100 000

贷：银行存款 468 000

主营业务收入 100 000

如果实际退货量为 1 200 件时：

借：库存商品 480 000

应交税费——应交增值税(销项税额) 102 000

主营业务收入 100 000

预计负债 100 000

贷：主营业务成本 80 000

银行存款 702 000

(5)6 月 30 日之前，如果没有发生退货：

借：主营业务成本 400 000

预计负债 100 000

贷：主营业务收入 500 000

即与(2)的相反分录。

【例 3－20】沿用**【例 3－19】**的资料。假定华明公司无法根据过去的经验估计该批健身器材的退货率，健身器材发出时纳税义务已经发生。华明公司的账务处理如下。

(1)1 月 1 日，发出健身器材时：

借：应收账款 425 000

贷：应交税费——应交增值税(销项税额) 425 000

借：发出商品 2 000 000

贷：库存商品 2 000 000

(2)2 月 1 日前，收到货款时：

借：银行存款 2 925 000

贷：预收账款 2 500 000

应收账款 425 000

(3)6月30日退货期满，如果没有发生退货：

借：预收账款	2 500 000	
贷：主营业务收入		2 500 000
借：主营业务成本	2 000 000	
贷：发出商品		2 000 000

6月30日退货期满，如果发生2 000件退货：

借：预收账款	2 500 000	
应交税费——应交增值税(销项税额)	170 000	
贷：主营业务收入		1 500 000
银行存款		1 170 000
借：主营业务成本	1 200 000	
库存商品	800 000	
贷：发出商品		2 000 000

五、售后回购

售后回购，是指销售商品的同时，销售方同意日后再将同样或类似的商品购回的销售方式。在这种方式下，销售方应根据合同或协议条款判断企业是否已将商品所有权上的主要风险和报酬转移给购货方，以确定是否确认销售商品收入。在大多数情况下，回购价格固定或等于原售价加合理回报，售后回购交易属于融资交易，商品所有权上的主要风险和报酬没有转移，收到的款项应确认为负债；回购价格大于原售价的差额，企业应在回购期间按期计提利息，计入财务费用。

【例3-21】2012年5月1日，华明公司向宏业公司销售一批商品，开出的增值税专用发票上注明的销售价款为100万元，增值税税额为17万元。该批商品成本为80万元；商品并未发出，款项已经收到。协议约定，华明公司应于9月30日将所售商品购回，回购价为110万元(不含增值税额)。华明公司的账务处理如下。

(1)5月1日，销售商品开出增值税专用发票时：

借：银行存款　1 170 000

　　贷：其他应付款　1 000 000

　　　　应交税费——应交增值税(销项税额)　170 000

(2)回购价大于原售价的差额，应在回购期间按期计提利息费用，计入当期财务费用。由于回购期间为5个月，货币时间价值影响不大，采用直线法计提利息费用，每月计提利息费用为2(10÷5)万元。

借：财务费用　20 000

　　贷：其他应付款　20 000

(3)9月30日回购商品时，收到的增值税专用发票上注明的商品价格为110万元，增值税税额为18.7万元，款项已经支付。

借：财务费用　20 000

　　贷：其他应付款　20 000

借：其他应付款　1 100 000

　　应交税费——应交增值税(进项税额)　187 000

　　贷：银行存款　1 287 000

六、售后租回

售后租回，是指销售商品的同时，销售方同意在日后再将同样的商品租回的销售方式。在这种方式下，销售方应根据合同或协议条款判断销售商品是否满足收入确认条件。通常情况下，售后租回属于融资交易的，企业不应确认收入。售价与资产账面价值之间的差额应当分别不同情况进行处理。

第一，如果售后租回交易认定为融资租赁，售价与资产账面价值之间的差额应当予以递延，并按照该项租赁资产的折旧进度进行分摊，作为折旧费用的调整。

第二，如果售后租回交易认定为经营租赁，应当分别情况处理：(1)有确凿证据表明售后租回交易是按照公允价值达成的，售价与资产账面价值的差额应当计入当期损溢。(2)售后租回交易如果不是按照公允价值达成的，售价低于公允价值的差额应计入当期损溢；但若该损失将由低于市价的未来租赁付款额补偿时，有关损失应予以递延(递延收益)，并按与确认租金费用相一致的方法在租赁期内进行分摊；如果售价大于公允价值，其大于公允价值的部分应计入递延收益，并在租赁期内分摊。

七、以旧换新销售

以旧换新销售，是指销售方在销售商品的同时回收与所售商品相同的旧商品。在这种销售方式下，销售的商品应当按照销售商品收入确认条件确认收入，回收的商品作为购进商品处理。

八、同时销售商品和提供劳务交易

企业与其他企业签订的合同或协议，有时既包括销售商品又包括提供劳务，如销售电梯的同时负责安装工作、销售软件后继续提供技术支持、设计产品同时负责生产等。此时，如果销售商品部分和提供劳务部分能够区分且能够单独计量的，企业应当分别核算销售商品部分和提供劳务部分，将销售商品的部分作为销售商品处理，将提供劳务的部分作为提供劳务处理；如果销售商品部分和提供劳务部分不能够区分，或虽能区分但不能够单独计量的，企业应当将销售商品部分和提供劳务部分全部作为销售商品部分进行会计处理。

【例3-22】华明公司与宏业公司签订合同，向宏业公司销售一部电梯并负责安装。华明公司开出的增值税专用发票上注明的价款合计为1 000 000元，其中电梯销售价格为980 000元，安装费为20 000元，增值税税额为170 000元。电梯的成本为560 000元；电梯安装过程中发生安装费12 000元，均为安装人员薪酬。假定电梯已经安装完成并经验收合格，款项尚未收到；安装工作是销售合同的重要组成部分。华明公司的账务处理如下。

(1)电梯发出时：

借：发出商品	560 000	
贷：库存商品		560 000

(2)发生安装费用 12 000 元时：

借：劳务成本　　12 000

　贷：应付职工薪酬　　12 000

(3)电梯销售实现确认收入 980 000 元并结转电梯成本 560 000 元时：

借：应收账款　　1 150 000

　贷：主营业务收入　　980 000

　　　应交税费——应交增值税(销项税额)　　170 000

借：主营业务成本　　560 000

　贷：发出商品　　560 000

(4)确认安装费收入 20 000 元并结转安装成本 12 000 元时：

借：应收账款　　20 000

　贷：主营业务收入　　20 000

借：主营业务成本　　12 000

　贷：劳务成本　　12 000

【例 3-23】沿用**【例 3-22】**的资料，同时假定电梯销售价格和安装费用无法区分。华明公司的账务处理如下。

(1)电梯发出时：

借：发出商品　　560 000

　贷：库存商品　　560 000

(2)发生安装费用 12 000 元时：

借：劳务成本　　12 000

　贷：应付职工薪酬　　12 000

(3)销售实现确认收入 1 000 000 元并结转成本 572 000 元时：

借：应收账款　　1 170 000

　贷：主营业务收入　　1 000 000

　　　应交税费——应交增值税(销项税额)　　170 000

借：主营业务成本　　　　572 000

　　贷：发出商品　　　　560 000

　　　　劳务成本　　　　12 000

九、授予客户奖励积分

在某些情况下，企业在销售产品或提供劳务的同时会授予客户奖励积分，如航空公司给予客户的里程累计等，客户在满足一定条件后将奖励积分兑换为企业或第三方提供的免费或折扣后的商品或服务。企业对该交易事项应当分别以下情况进行处理：

(1)在销售产品或提供劳务的同时，应当将销售取得的货款或应收货款在本次商品销售或劳务提供产生的收入与奖励积分的公允价值之间进行分配，将取得的货款或应收货款扣除奖励积分公允价值的部分确认为收入、奖励积分的公允价值确认为递延收益。奖励积分的公允价值为单独销售可取得的金额。如果奖励积分的公允价值不能够直接观察到，授予企业可以参考被兑换奖励物品的公允价值或利用其他估值技术估计奖励积分的公允价值。

(2)获得奖励积分的客户满足条件时有权利取得授予企业的商品或服务，在客户兑换奖励积分时，授予企业应将原计入递延收益的与所兑换积分相关的部分确认为收入，确认为收入的金额应当以被兑换用于换取奖励的积分数额占预期将兑换用于换取奖励的积分总数的比例为基础计算确定。获得奖励积分的客户满足条件时有权利取得第三方提供的商品或劳务的，如果授予企业代表第三方归集对价，授予企业应在第三方有义务提供奖励且有权接受因提供奖励的计价时，将原计入递延收益的金额与应支付给第三方的价款之间的差额确认为收入；如果授予企业自身归集对价，应在履行奖励义务时按分配至奖励积分的对价确认收入。企业因提供奖励积分而发生的不可避免成本超过已收和应收对价时，应按《企业会计准则第13号——或有事项》有关亏损合同的规定处理。

第四节　期末存货的计量

一、存货期末计量原则

资产负债表日，存货应当按照成本与可变现净值孰低计量。

当存货成本低于可变现净值时，存货按成本计量；当存货成本高于可变现净值时，存货按可变现净值计量，同时按照成本高于可变现净值的差额计提存货跌价准备，计入当期损溢。

成本与可变现净值孰低计量的理论基础主要是使存货符合资产的定义。当存货的可变现净值下跌至成本以下时，表明该存货会给企业带来的未来经济利益低于其账面成本，因而应将这部分损失从资产价值中扣除，计入当期损溢。否则，存货的可变现净值低于成本时，如果仍然以其成本计量，就会出现虚计资产的现象。

二、存货的可变现净值

可变现净值，是指在日常活动中，存货的估计售价减去至完工时估计将要发生的成本、估计的销售费用以及相关税费后的金额。存货的可变现净值由存货的估计售价、至完工时将要发生的成本、估计的销售费用和估计的相关税费等内容构成。

(一)可变现净值的基本特征

1. 确定存货可变现净值的前提是企业在进行日常活动

如果企业不是在进行正常的生产经营活动，比如企业处于清算过程，那么不能按照存货准则的规定确定存货的可变现净值。

2. 可变现净值为存货的预计未来净现金流量，而不是简单地等于存货的售价或合同价

企业预计的销售存货现金流量，并不完全等于存货的可变现净值。存货在销售过程中可能发生的销售费用和相关税费，以及为达到预定可销售状态还可能发生的加工成本等相关支出，构成现金流入的抵减项目。企业预计的销售存货现金流量，扣除这些抵减项目后，才能确定存货的可变现净值。

3. 不同存货可变现净值的构成不同

（1）产成品、商品和用于出售的材料等直接用于出售的商品存货，在正常生产经营过程中，应当以该存货的估计售价减去估计的销售费用和相关税费后的金额，确定其可变现净值。

（2）需要经过加工的材料存货，在正常生产经营过程中，应当以所生产的产成品的估计售价减去至完工时估计将要发生的成本、估计的销售费用和相关税费后的金额，确定其可变现净值。

（二）确定存货的可变现净值时应考虑的因素

企业在确定存货的可变现净值时，应当以取得的确凿证据为基础，并且考虑持有存货的目的、资产负债表日后事项的影响等因素。

1. 确定存货的可变现净值应当以取得确凿证据为基础

确定存货的可变现净值必须建立在取得确凿证据的基础上。这里所讲的"确凿证据"是指对确定存货的可变现净值和成本有直接影响的客观证明。

（1）存货成本的确凿证据。存货的采购成本、加工成本和其他成本及以其他方式取得存货的成本，应当以取得外来原始凭证、生产成本账簿记录等作为确凿证据。

（2）存货可变现净值的确凿证据。存货可变现净值的确凿证据，是指对确定存货的可变现净值有直接影响的确凿证明，如产成品或商品的市场销售价格、与产成品或商品相同或类似商品的市场销售价格、销货方提供的有关资料和生产成本资料等。

2. 确定存货的可变现净值应当考虑持有存货的目的

由于企业持有存货的目的不同，确定存货可变现净值的计算方法也不同。如用于出售的存货和用于继续加工的存货，其可变现净值的计算方法就不相同，因此，企业在确定存货的可变现净值时，应考虑持有存货的目的。企业持有存货的目的，通常可以分为：

（1）持有以备出售的存货，如商品、产成品，其中又分为有合同约定的存货和没有合同约定的存货；

（2）将在生产过程或提供劳务过程中耗用的存货，如材料等。

3. 确定存货的可变现净值应当考虑资产负债表日后事项等的影响

确定存货可变现净值时，应当以资产负债表日取得最可靠的证据估计的售价为基础并考虑持有存货的目的，资产负债表日至财务报告批准报出日之间存货售价发生波动的，如有确凿证据表明其对资产负债表日存货已经存在的情况提供了新的或进一步的证据，则在确定存货可变现净值时应当予以考虑，否则，不应予以考虑。

三、存货期末计量的具体方法

（一）存货估计售价的确定

对于企业持有的各类存货，在确定其可变现净值时，最关键的问题是确定估计售价。企业应当区别情况确定存货的估计售价，具体如表3－7所示。

表3－7　各类存货的期末成本计量方法

存货种类	期末存货计量方法
为执行销售合同或者劳务合同而持有的存货	应当以产成品或商品的合同价格作为其可变现净值的计算基础
如果企业持有存货的数量多于销售合同订购数量，超出部分的存货	以产成品或商品的一般销售价格（即市场销售价格）作为计算基础
如果企业持有存货的数量少于销售合同订购数量	实际持有与该销售合同相关的存货应以销售合同所规定的价格作为可变现净值的计算基础
没有销售合同约定的存货	以产成品或商品一般销售价格（即市场销售价格）作为计算基础
用于出售的材料等	通常以市场价格作为其可变现净值的计算基础

（1）为执行销售合同或者劳务合同而持有的存货，通常应当以产成品或商品的合同价格作为其可变现净值的计算基础。如果企业与购买方签订了销售合同（或劳务合同，下同），并且销售合同订购的数量等于企业持有存货的数

量，在这种情况下，在确定与该项销售合同直接相关存货的可变现净值时，应当以销售合同价格作为其可变现净值的计算基础。也就是说，如果企业就其产成品或商品签订了销售合同，则该批产成品或商品的可变现净值应当以合同价格作为计算基础；如果企业销售合同所规定的标的物还没有生产出来，但持有专门用于该标的物生产的原材料，其可变现净值也应当以合同价格作为计算基础。

【例3-24】2012年8月1日，华明公司与宏业公司签订了一份不可撤销的销售合同。双方约定，2013年1月25日，华明公司应按每台62万元的价格(假定本章中所称销售价格和成本均不含增值税)向宏业公司提供W1型机器100台。

2012年12月31日，华明公司W1型机器的成本为5 600万元，数量为100台，单位成本为56万元/台。

2012年12月31日，W1型机器的市场销售价格为60万元/台。假定不考虑相关税费和销售费用。

根据华明公司与宏业公司签订的销售合同规定，该批W1型机器的销售价格已由销售合同约定，并且其库存数量等于销售合同约定的数量，因此，在这种情况下，计算W1型机器的可变现净值应以销售合同约定的价格6 200(62×100)万元作为计算基础。

(2)如果企业持有存货的数量多于销售合同订购数量，超出部分的存货可变现净值应当以产成品或商品的一般销售价格(即市场销售价格)作为计算基础。

【例3-25】2012年11月1日，华明公司与丙公司签订了一份不可撤销的销售合同。双方约定，2013年3月31日，华明公司应按每台15万元的价格向丙公司提供W2型机器120台。

2012年12月31日，华明公司W2型机器的成本为1 960万元，数量为140台，单位成本为14万元/台。

根据华明公司销售部门提供的资料表明，向丙公司销售的W2型机器的平均运杂费等销售费用为0.12万元/台，向其他客户销售W2型机器的平均运杂费等销售费用为0.1万元/台。

2012年12月31日，W2型机器的市场销售价格为16万元/台。

在本例中，能够证明W2型机器的可变现净值的确凿证据是华明公司与丙公司签订的有关W2型机器的销售合同、市场销售价格资料、账簿记录和公司销售部门提供的有关销售费用的资料等。

根据该销售合同规定，库存的W2型机器中的120台的销售价格已由销售合同约定，其余20台并没有由销售合同约定。因此，在这种情况下，对于销售合同约定的数量(120台)的W2型机器的可变现净值应以销售合同约定的价格15万元/台作为计算基础，而对于超出部分(20台)的W2型机器的可变现净值应以市场销售价格16万元/台作为计算基础。

W2型机器的可变现净值

$=(15\times120-0.12\times120)+(16\times20-0.1\times20)$

$=(1\,800-14.4)+(320-2)$

$=1\,785.6+318$

$=2\,103.6$(万元)。

(3)如果企业持有存货的数量少于销售合同订购数量，实际持有与该销售合同相关的存货应以销售合同所规定的价格作为可变现净值的计算基础。如果该合同为亏损合同，还应同时按照《企业会计准则第13号——或有事项》的规定处理。

(4)没有销售合同约定的存货(不包括用于出售的材料)，其可变现净值应当以产成品或商品一般销售价格(即市场销售价格)作为计算基础。

【例3-26】2012年12月31日，华明公司W3型机器的账面成本为600万元，数量为10台，单位成本为60万元/台。

2012年12月31日，W3型机器的市场销售价格为64万元/台。预计发生的相关税费和销售费用合计为3万元/台。

华明公司没有签订有关W3型机器的销售合同。

由于华明公司没有就W3型机器签订销售合同，因此，在这种情况下，计算W3型机器的可变现净值应以一般销售价格总额610[(64-3)×10]万元作为计算基础。

(5)用于出售的材料等，通常以市场价格作为其可变现净值的计算基础。这里的市场价格是指材料等的市场销售价格。如果用于出售的材料存在销售合同约定，应按合同价格作为其可变现净值的计算基础。

【例3-27】2012年11月1日，华明公司根据市场需求的变化，决定停止生产W4型机器。为减少不必要的损失，决定将库存原材料中专门用于生产W4型机器的外购原材料——A材料全部出售，2012年12月31日其账面成本为500万元，数量为10吨。据市场调查，A材料的市场销售价格为30万元/吨，同时可能发生销售费用及相关税费共计为5万元。

在本例中，由于企业已决定不再生产W4型机器，因此，该批A材料的可变现净值不能再以W4型机器的销售价格作为其计算基础，而应按其本身的市场销售价格作为计算基础。即：

该批A材料的可变现净值=30×10-5=295(万元)。

(二)材料存货的期末计量

材料存货的期末价值应当以所生产的产成品的可变现净值与成本的比较为基础加以确定。

(1)对于为生产而持有的材料等，如果用其生产的产成品的可变现净值预计高于成本，则该材料仍然应当按照成本计量。这里的“材料”指原材料、在产品、委托加工材料等。“可变现净值高于成本”中的成本是指产成品的生产成本。

【例3-28】2012年12月31日，华明公司库存原材料——B材料的账面成本为3 000万元，市场销售价格总额为2 800万元，假定不发生其他销售费用。用B材料生产的产成品——W5型机器的可变现净值高于成本。

根据上述资料可知，2012年12月31日，B材料的账面成本高于其市场价格，但是由于用其生产的产成品——W5型机器的可变现净值高于成本，也就是用该原材料生产的最终产品此时并没有发生价值减损，因此，B材料即使其账面成本已高于市场价格，也不应计提存货跌价准备，仍应按3 000万元列示在2012年12月31日的资产负债表的存货项目之中。

(2)如果材料价格的下降表明产成品的可变现净值低于成本，则该材料应当按可变现净值计量，按其差额计提存货跌价准备。

【例3-29】2012年12月31日，华明公司库存原材料——C材料的账面成本为600万元，单位成本为6万元/件，数量为100件，可用于生产100台W6型机器。C材料的市场销售价格为5万元/件。

C材料市场销售价格下跌，导致用C材料生产的W6型机器的市场销售价格也下跌，由此造成W6型机器的市场销售价格由15万元/台降为13.5万元/台，但生产成本仍为14万元/台。将每件C材料加工成W6型机器尚需投入8万元，估计发生运杂费等销售费用0.5万元/台。

根据上述资料，可按照以下步骤确定C材料的可变现净值。

首先，计算用该原材料所生产的产成品的可变现净值：

W6型机器的可变现净值=W6型机器估计售价-估计销售费用-估计相关税费=13.5×100-0.5×100=1 300(万元)。

其次，将用该原材料所生产的产成品的可变现净值与其成本进行比较：

W6型机器的可变现净值1 300万元小于其成本1 400万元，即C材料价格的下降表明W6型机器的可变现净值低于成本，因此，C材料应当按可变现净值计量。

最后，计算该原材料的可变现净值：

C材料的可变现净值＝W6型机器的售价总额－将C材料加工成W6型机器尚需投入的成本－估计销售费用－估计相关税费＝$13.5\times100-8\times100-0.5\times100=500$（万元）。

C材料的可变现净值500万元小于其成本600万元，因此，C材料的期末价值应为其可变现净值500万元，即C材料应按500万元列示在2012年12月31日资产负债表的存货项目之中。

（三）计提存货跌价准备的方法

计提存货跌价准备的方法主要有以下几种，如图3－1所示。

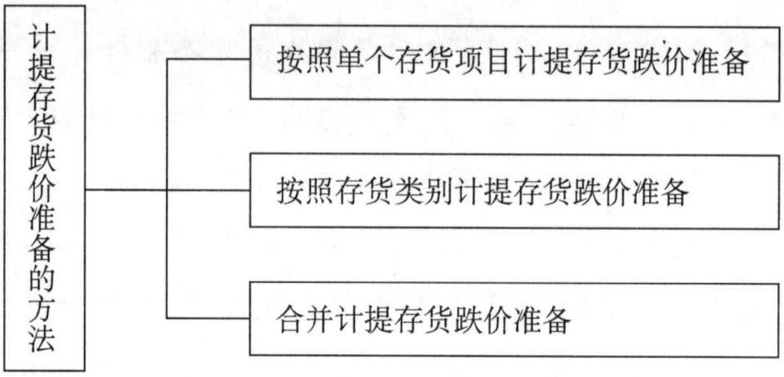

图3－1 计提存货跌价准备的方法

1. 企业通常应当按照单个存货项目计提存货跌价准备

企业在计提存货跌价准备时，通常应当以单个存货项目为基础。在企业采用计算机信息系统进行会计处理的情况下，完全有可能做到按单个存货项目计提存货跌价准备。在这种方式下，企业应当将每个存货项目的成本与其可变现净值逐一进行比较，按较低者计量存货，并且按成本高于可变现净值的差额，计提存货跌价准备。这就要求企业应当根据管理要求和存货的特点，明确规定存货项目的确定标准，比如，将某一型号和规格的材料作为一个存货项目、将某一品牌和规格的商品作为一个存货项目等。

2. 对于数量繁多、单价较低的存货，可以按照存货类别计提存货跌价准备

如果某一类存货的数量繁多并且单价较低，企业可以按存货类别计量成本与可变现净值，即按存货类别的成本总额与可变现净值的总额进行比较，每个存货类别均取较低者确定存货期末价值。

【例3－30】丁公司的有关资料及存货期末计量如表3－8所示，假设丁公司在此之前没有对存货计提跌价准备，且不考虑相关税费和销售费用。

表3－8　按存货类别计提存货跌价准备

2012年12月31日　　　　金额单位：元

商品	数量（台）	成本		可变现净值		按存货类别确定的账面价值	由此计提的存货跌价准备
		单价	总额	单位	总额		
第一组							
A商品	400	10	4 000	9	3 600		
B商品	500	7	3 500	8	4 000		
合　计			7 500		7 600	7 500	0
第二组							
C商品	200	50	10 000	48	9 600		
D商品	100	45	4 500	44	4 400		
合　计			14 500		14 000	14 000	500
第三组							
E商品	700	100	70 000	80	56 000	5 600	
合　计			70 000		56 000	5 600	14 000
总　计			92 000		77 600	77 500	14 500

3. 与在同一地区生产和销售的产品系列相关、具有相同或类似最终用途或目的，且难以与其他项目分开计量的存货，可以合并计提存货跌价准备

存货具有相同或类似最终用途或目的，并在同一地区生产和销售，意味着存货所处的经济环境、法律环境、市场环境等相同，具有相同的风险和报酬。因此，在这种情况下，可以对该存货进行合并计提存货跌价准备。

4. 存货存在下列情形之一的，通常表明存货的可变现净值低于成本

（1）该存货的市场价格持续下跌，并且在可预见的未来无回升的希望。

（2）企业使用该项原材料生产产品的成本大于产品的销售价格。

（3）企业因产品更新换代，原有库存原材料已不适应新产品的需要，而该原材料的市场价格又低于其账面成本。

（4）因企业所提供的商品或劳务过时或消费者偏好改变而使市场的需求发生变化，导致市场价格逐渐下跌。

（5）其他足以证明该项存货实质上已经发生减值的情形。

5. 存货存在下列情形之一的，通常表明存货的可变现净值为零

（1）已霉烂变质的存货。

（2）已过期且无转让价值的存货。

（3）生产中已不再需要，并且已无使用价值和转让价值的存货。

（4）其他足以证明已无使用价值和转让价值的存货。

需要注意的是，资产负债表日，同一项存货中一部分有合同价格约定、其他部分不存在合同价格的，应当分别确定其可变现净值，并与其相对应的成本进行比较，分别确定存货跌价准备的计提或转回的金额，由此计提的存货跌价准备不得相互抵销。

（四）存货跌价准备转回的处理

（1）资产负债表日，企业应当确定存货的可变现净值。企业确定存货的可变现净值，应当以资产负债表日的状况为基础确定，既不能提前确定存货的可变现净值，也不能延后确定存货的可变现净值，并且在每一个资产负债表日都应当重新确定存货的可变现净值。

（2）企业存货在符合条件的情况下，可以转回计提的存货跌价准备。存货跌价准备转回的条件是以前减记存货价值的影响因素已经消失，而不是在当期造成存货可变现净值高于成本的其他影响因素。

（3）当符合存货跌价准备转回的条件时，应在原已计提的存货跌价准备的金额内转回。即在对该项存货、该类存货或该合并存货已计提的存货跌价准备的金额内转回。转回的存货跌价准备与计提该准备的存货项目或类别应当存在直接对应关系，但转回的金额以将存货跌价准备余额冲减至零为限。

【例3－31】 2011 年 12 月 31 日，华明公司 W7 型机器的账面成本为 500 万元，但由于 W7 型机器的市场价格下跌，预计可变现净值为 400 万元，由此计提存货跌价准备 100 万元。

假定：(1)2012 年 6 月 30 日，W7 型机器的账面成本仍为 500 万元，但由于 W7 型机器市场价格有所上升，使得 W7 型机器的预计可变现净值变为 475 万元。

(2)2012 年 12 月 31 日，W7 型机器的账面成本仍为 500 万元，由于 W7 型机器的市场价格进一步上升，预计 W7 型机器的可变现净值为 555 万元。

本例中：(1)2012 年 6 月 30 日，由于 W7 型机器市场价格上升，W7 型机器的可变现净值有所恢复，应计提的存货跌价准备为 25(500－475)万元，则当期应冲减已计提的存货跌价准备 75(100－25)万元，且小于已计提的存货跌价准备 100 万元。因此，应转回的存货跌价准备为 75 万元。

会计分录为：

借：存货跌价准备　　750 000

　　贷：资产减值损失——存货减值损失　　750 000

(2)2012 年 12 月 31 日，W7 型机器的可变现净值又有所恢复，应冲减存货跌价准备 55(500－555)万元，但是对 W7 型机器已计提的存货跌价准备的余额为 25 万元，因此，当期应转回的存货跌价准备为 25 万元而不是 55 万元(即以将对 W7 型机器已计提的“存货跌价准备”余额冲减至零为限)。

会计分录为：

借：存货跌价准备　　2 50 000

　　贷：资产减值损失——存货减值损失　　250 000

(五)存货跌价准备的结转

企业计提了存货跌价准备，如果其中有部分存货已经销售，则企业在结转销售成本时，应同时结转对其已计提的存货跌价准备。对于因债务重组、非货币性资产交换转出的存货，也应同时结转已计提的存货跌价准备。如果按存货类别计提存货跌价准备的，应当按照发生销售、债务重组、非货币性资产交换等而转出存货的成本占该存货未转出前该类别存货成本的比例，结转相应的存货跌价准备。

四、存货清查

(一)存货清查概述

为了保护企业存货的安全完整，做到账实相符，企业应对存货进行定期的清查。企业发生的存货毁损，应当将处置收入扣除账面价值和相关税费后的金额计入当期损溢。存货的账面价值是存货成本扣减累计跌价准备后的金额。存货盘亏造成的损失，应当计入当期损溢。

存货清查通常采用实地盘点的方法，即通过盘点确定各种存货的实际库存数，并与账面结存数相核对。对于账实不符的存货，核实盘盈、盘亏和毁损的数量，应在期末前查明造成盘亏或毁损的原因，并据以编制“存货盘点报告表”，根据企业的管理权限，经股东大会或董事会，或经理(厂长)会议或类似机构批准后，在期末结账前处理完毕。盘盈的存货，应冲减当期的管理费用；盘亏的存货，在减去过失人或者保险公司等赔偿和残值之后，计入当期管理费用，属于非常损失的，计入营业外支出。在报经有关部门处理前，根据“存货盘点报告表”，将盘盈或盘亏、毁损的存货，先作为待处理财产溢余或损失处理，同时按盘盈或盘亏、毁损存货的实际成本，调整存货的账面价值，使存货账实相符。

(二)存货清查的核算

为了核算企业在财产清查中查明的各项财产物资的盘盈、盘亏和毁损，企业应设置“待处理财产损溢”账户。从其性质和结构看，该账户具有双重性质。其借方登记发生的各种财产物资的盘亏金额和批准转销的盘盈金额，贷方登记发生的各种财产物资的盘盈金额和批准转销的盘亏金额。期末借方余额为尚未处理的各种财产物资的净损失，期末贷方余额为尚未处理的各种财产物资的净溢余。

1. 存货盘盈的核算

由于盘盈的存货没有账面记录，因此产生的盘盈应该予以补记，按照存货的计划成本或估计价值，借记有关存货账户，贷记“待处理财产损溢”账户；存货盘盈一般是由于收发计量或核算上的差错造成的，故应相应地冲减管理费用，借记“待处理财产损溢”账户，贷记“管理费用”账户。

会计分录如下：

(1)盘盈时。

借：原材料、库存商品等

　　贷：待处理财产损溢——待处理流动资产损溢

(2)批准处理时。

借：待处理财产损溢——待处理流动资产损溢

　　贷：管理费用

【例3-32】某企业在进行存货清查时，发现某产品盘盈100千克，单位成本为10元，计1 000元。编制会计分录如下：

借：库存商品　　1 000

　　贷：待处理财产损溢　　1 000

经查，该项盘盈属于收发计量错误造成，经批准作为冲减费用处理。编制会计分录如下：

借：待处理财产损溢　　1 000

　　贷：管理费用　　1 000

2. 存货盘亏和毁损的核算

存货的盘亏和毁损，先按其账面成本，借记“待处理财产损溢”账户，贷记有关存货账户。经审批后，按发生的原因和相应的处理决定，分别进行转销。

属于自然损耗造成的定额内损耗，应借记“管理费用”账户；属于过失人责任造成的损失，应扣除其残料价值，借记“原材料”、“其他应收款”等账户；应向保险公司收取的赔偿金，借记“其他应收款——保险公司”账户；剩余净损失或未参加保险部分的损失，借记“营业外支出——非常损失”账户；若损失中有一般经营损失部分，借记“管理费用”账户。按盘亏和毁损数额，贷记“待处理财产损溢”账户。

会计分录如下：

(1)盘亏或发现毁损时。

借：待处理财产损溢——待处理流动资产损溢

　　贷：原材料、库存商品等

(2)批准转销时。

借：其他应收款、管理费用、营业外支出等

　　贷：待处理财产损溢——待处理流动资产损溢

【例3-33】 某企业在进行存货清查时，发现材料短缺5 000千克，其单位成本为3.6元，计18 000元。编制会计分录如下：

借：待处理财产损溢　　18 000

　　贷：原材料　　18 000

经查，该项短缺由多种原因造成，经批准，分别进行转销。

(1)材料短缺中属于责任过失人造成的2 000元损失，应由其予以赔偿。编制会计分录如下：

借：其他应收款——过失责任人　　2 000

　　贷：待处理财产损溢　　2 000

(2)材料短缺中，属于定额内合理损耗的部分价值500元，应计入管理费用。编制会计分录如下：

借：管理费用　　500

　　贷：待处理财产损溢　　500

(3)材料短缺中，属于非常损失的部分价值15 500元，其中，收回残料200元，保险公司应给予赔款15 000元，剩余300元经批准转为营业外损失。编制会计分录如下：

借：原材料　　200

　　其他应收款——保险公司　　15 000

　　营业外支出——非常损失　　300

　　贷：待处理财产损溢　　15 500

盘盈或盘亏的存货，如在期末结账前尚未经批准的，应在对外提供财务报告时先按上述规定进行处理，并在会计报表附注中作出说明；如果其后批准处理的金额与已处理的金额不一致，应按其差额调整会计报表相关项目的年初数。

第四章　主要存货介绍

第一节　原材料

一、原材料概述

（一）定义

原材料是生产经营过程中的劳动对象，是企业生产经营中不可缺少的物质。原材料作为被加工的劳动对象，在生产经营中起着不同的作用，有的被劳动者用来进行加工，构成产品的实体；有的虽不构成产品实体，但有助于产品的形成；有的在生产经营中作为机物料被消耗。尽管材料在生产经营过程中所起的作用不同，但它们具有共同的特点：一次性地参加生产经营、经过一个生产周期就要全部消耗掉或改变其原有的实物形态；同时，其价值也随着其实物的消耗，一次性地全部转移到产品价值中去，通过产品销售，价值得到一次性补偿。

（二）原材料的分类

制造业的原材料按其在生产经营过程中的不同作用，一般可分为6类，具体如表4－1所示。

表4－1　原材料的分类及具体内容

原材料的分类	具体内容
原料及主要材料	原料及主要材料是指经过加工后能够构成产品主要实体的各种原料和主要材料。如纺纱用的原棉，制糖用的甘蔗，冶炼用的铁矿石等。主要材料是指经过加工的材料，如织布用的棉纱、机器制造用的钢材等

（续表）

原材料的分类	具体内容
外购半成品（外购件或外协件）	外购半成品是指从外部购入，需经本企业进一步加工或装配的已加工过的原材料，如织布厂外购的棉纱，汽车制造厂外购的轮胎等。外购半成品也可归入原料及主要材料，而不单设一类
辅助材料	辅助材料是指直接用于生产，在生产中起辅助作用，不构成产品主要实体的各种材料。按其在生产中所起作用的不同，又可分为：（1）加入产品实体与主要材料相结合，或使主要材料发生变化，或给予产品某种性能，如染料、油漆、催化剂等；（2）被劳动工具所消耗，如维护机器设备用的润滑油和防锈剂等；（3）为创造正常劳动条件而消耗的，如清洁工作地点的各种用具等
燃料	燃料是指工艺技术过程或非工艺技术过程用来燃烧取得热能的各种材料，包括固体燃料、液体燃料和气体燃料
修理用备件（备品备件）	修理用备件是指为修理本企业机器设备和运输工具所专用的各种备品备件，如轴承、齿轮等。一般修理用零件可归入辅助材料
包装材料	一般用包装材料，如纸张、麻绳、铁皮等，也可归入辅助材料类

二、原材料的账务处理

（一）按实际成本计价进行的日常核算

按实际成本计价进行的日常核算，是指从材料的收发凭证到明细分类账和总账均以实际成本来反映材料的收、发、结存情况。

1. 材料收发的凭证

严格审核材料收发的凭证和手续，是正确组织材料核算的重要前提。通过对凭证的编制、取得和审核，可以对材料的收发保管实行监督，明确经济责任，防止材料管理混乱和损失浪费现象的发生。

材料收入的凭证主要有收料单、入库单以及退料单等。材料的发出凭证主要有领料单、限额领料单、领料登记簿、销售发料单、配比发料单等。

2. 材料的总分类核算

为了总括反映和监督材料的增减变动和结存情况，应设置“原材料”、“在途物资”等账户。

“原材料”账户用于核算企业库存各种材料的收发与结存情况。在原材料按实际成本核算时，借方登记入库材料的实际成本，贷方登记发出材料的实际成本，期末余额在借方，反映企业库存材料的实际成本。

“在途物资”账户用于核算企业采用实际成本（或进价）进行材料、商品等物资的日常核算、货款已付尚未验收入库的在途物资的采购成本。该账户可按供应单位和物资品种进行明细核算。本账户的借方登记企业购入的在途物资的实际成本，贷方登记验收入库的在途物资的实际成本，期末余额在借方，反映企业在途物资的采购成本。

3. 材料收入的总分类核算

从供应单位采购材料和验收入库的业务看，因为货款结算方式、采购地点、收料和付款时间不同，其账务处理也有所不同。

（1）货款已经支付或开出、承兑商业汇票，同时材料已验收入库。

企业采购材料，如果付款后随即收到材料，或者货款支付或已开出、承兑商业汇票与材料的验收入库基本上同时进行，则在业务发生后，即可根据银行结算凭证、发票账单和收料单等确定的材料成本，借记“原材料”账户，根据取得的增值税专用发票上注明的税额，借记“应交税费——应交增值税（进项税额）”账户，按照实际支付的款项，贷记“银行存款”（或“库存现金”）、“其他货币资金”、“应付票据”等账户。会计分录如下：

借：原材料

　　应交税费——应交增值税（进项税额）

　　贷：银行存款

【例 4－1】 某企业为增值税一般纳税人，某日该企业购入原材料一批，取得的增值税专用发票上注明的原材料价款为 100 000 元，增值税税额为 17 000 元，发票等结算凭证已经收到，货款已通过银行转账支付，材料已验收入库。编制如下会计分录：

借：原材料	100 000	
应交税费——应交增值税（进项税额）	17 000	
贷：银行存款		117 000

(2)货款已经支付或开出、承兑商业汇票，材料尚未到达或尚未验收入库。

该项业务的产生，多数是在企业向外地采购材料，发生结算凭证等单据已到，并已承付货款或开出、承兑商业汇票，但材料尚在运输途中。在会计上将此项业务作为在途物资处理，通过“在途物资”账户核算。会计分录如下：

借：在途物资

　　应交税费——应交增值税(进项税额)

　　贷：银行存款

到达后验收入库时：

借：原材料

　　贷：在途物资

【例4－2】假设【例4－1】购入材料的业务，发票等结算凭证已到，货款已经支付，但材料尚未运到。企业应于收到发票等结算凭证时编制如下会计分录：

借：在途物资	100 000	
应交税费——应交增值税(进项税额)	17 000	
贷：银行存款		117 000

上述材料到达验收入库时，再编制如下分录：

借：原材料	100 000	
贷：在途物资		100 000

(3) 货款尚未支付，材料已经验收入库。

企业在材料采购过程中，发生材料已到而结算凭证未到或企业暂时无力支付的业务，如所收到的材料，确属企业订购的品种，可先行办理材料的验收入库手续，并分别情况进行必要的账务处理。

① 材料已到，供应单位发票账单也已到达，但由于企业的银行存款不足而暂未付款，在此情况下，属于企业占用了供应单位的资金，形成了应付而未付供应单位的款项，构成了企业的一项流动负债，应通过“应付账款”账户核算。

借：原材料

　　应交税费——应交增值税(进项税额)

　　贷：应付账款

【例 4-3】某企业购入甲种材料 4 000 千克，买价 8 000 元，增值税发票上的增值税额为 1 360 元，供应单位代垫杂费 400 元。材料已到达并已验收入库，但货款尚未支付。应根据有关发票账单及收料单等凭证作如下会计分录：

借：原材料　　8 400

　　应交税费——应交增值税(进项税额)　　1 360

　　贷：应付账款　　9 760

② 材料已到，但供应单位发票账单未到，而货款尚未支付。在此情况下，为做到材料账实相符，应先按双方合同价格或计划价格暂估入账，借记“原材料”账户，贷记“应付账款”账户。下月初作相反的会计分录予以冲回，以便下月付款或开出、承兑商业汇票时，按正常程序，借记“原材料”、“应交税费——应交增值税(进项税额)”账户，贷记“银行存款”或“应付票据”等账户。

在实际工作中，发生的材料已经验收入库，而发票账单尚未到达情况时，一般情况下，发票账单在材料到达后的几天内即可到达。为简化核算手续，对这些业务月份内可暂不进行总分类核算，只在材料明细分类账中登记收入数量，待发票账单到达后，按实际成本入账。但如果月终仍未收到发票账单，应暂估入账，下月初作相反的会计分录予以冲回，待发票账单到达后再按实际成本入账。

【例 4-4】假设上述【例 4-3】购入材料的业务，材料已经运到并验收入库，但发票等结算凭证尚未收到，货款尚未支付。月末，按照暂估价入账，假设其暂估价为 8 500 元，有关会计处理如下：

借：原材料　　8 500

　　贷：应付账款——暂估应付账款　　8 500

下月初作相反的会计分录予以冲回：

借：应付账款——暂估应付账款　　8 500

　　贷：原材料　　8 500

4. 材料发出的总分类核算

企业生产过程中发出材料业务非常频繁，平时根据领发料凭证逐笔登记材料明细分类账，以详细反映各种材料的收、发和结存余额。总分类核算一般是根据按实际成本计价的领、发料凭证，按领用部门和用途进行归类汇总，通过编制“发出材料汇总表”，于月末一次登记总分类账，这样就可大大简化记账工作。

材料发出时，根据用途不同编制如下会计分录：

借：生产成本、制造费用、管理费用等

　　贷：原材料

【例4－5】某企业“发料凭证汇总表”如表4－2所示。根据“发料凭证汇总表”进行材料发出的核算。

表4－2　发料凭证汇总表

账户	生产成本	制造费用	管理费用	在建工程	销售费用	其他业务成本	合计
原料及主要材料	43 430.00						43 430.00
辅助材料	2 737.10	1 075.65	747.40				4 560.15
外购半成品	7 615.40						7 615.40
修理用备件	3 181.50						3 181.50
包装材料							
燃料							
合计	56 964.00	1 075.65	747.40				58 787.05

根据“发料凭证汇总表”，编制如下会计分录：

借：生产成本　　56 964

　　制造费用　　1 075.65

　　管理费用　　747.40

　　贷：原材料　　58 787.05

（二）按计划成本计价进行的日常核算

1. 科目设置

材料采用计划成本核算时，无论总分类核算还是明细分类核算，材料的收发及结存均按照计划成本计价。使用的会计科目有“原材料”、“材料采购”、“材料成本差异”等。材料实际成本与计划成本的差异，通过“材料成本差异”科目核算。月末，计算本月发出材料应负担的成本差异并进行分摊，根据领用材料的用途计入相关资产的成本或者当期损溢，从而将发出材料的计划成本调整为实际成本。

对以上三个科目的具体归纳如表4－3所示。

表4－3　计划成本进行核算使用的会计科目及内容

计划成本核算使用的会计科目	科目内容
“原材料”	该科目用于核算库存各种材料的收发与结存情况。在材料采用计划成本核算时，本科目的借方登记入库材料的计划成本，贷方登记发出材料的计划成本，期末余额在借方，反映企业库存材料的计划成本
“材料采购”	借方登记采购材料的实际成本，贷方登记入库材料的计划成本。借方大于贷方表示超支，从本科目贷方转入“材料成本差异”科目的借方；贷方大于借方表示节约，从本科目借方转入“材料成本差异”科目的贷方；期末为借方余额，反映企业在途材料的采购成本
“材料成本差异”	反映企业已入库各种材料的实际成本与计划成本的差异，借方登记超支差异及发出材料应负担的节约差异，贷方登记节约差异及发出材料应负担的超支差异。期末如为借方余额，反映企业库存材料的实际成本大于计划成本的差异（即超支差异）；如为贷方余额，反映企业库存材料实际成本小于计划成本的差异（即节约差异）

2. 账务处理

(1)购入材料。

① 货款已经支付，同时材料验收入库。

购入原材料时：

借：材料采购

　　应交税费——应交增值税(进项税额)

　　贷：银行存款

验收入库后：

借：原材料

　　贷：材料采购

借(或贷)：材料成本差异（借贷方的差额）

【例4－6】 华明公司购入A材料一批，专用发票上记载的货款为3 000 000元，增值税税额为510 000元，发票账单已收到，计划成本为3 200 000元，已验收入库，全部款项以银行存款支付。华明公司应编制如下会计分录：

借：材料采购	3 000 000	
应交税费——应交增值税(进项税额)	510 000	
贷：银行存款		3 510 000

验收入库后：

借：原材料	3 200 000	
贷：材料采购		3 000 000
材料成本差异		200 000

在计划成本法下，取得的材料先要通过“材料采购”科目进行核算，企业支付材料价款和运杂费等构成存货实际成本的，记入“材料采购”科目。

② 货款已经支付，材料尚未验收入库。

借：材料采购

　　应交税费——应交增值税(进项税额)

　　贷：银行存款

【例4-7】华明公司采用汇兑结算方式购入M材料一批，专用发票上记载的货款为200 000元，增值税税额为34 000元，发票账单已收到，计划成本180 000元，材料尚未入库，款项已用银行存款支付。华明公司应编制如下会计分录：

借：材料采购	200 000
应交税费——应交增值税(进项税额)	34 000
贷：银行存款	234 000

③ 货款尚未支付，材料已经验收入库。

在实际工作中，发生的材料已经验收入库，而发票账单尚未到达，一般情况下，发票账单在材料到达后的几天内即可到达。为简化核算手续，对这些业务月份内可暂不进行总分类核算，只在材料明细分类账中登记收入数量，待发票账单到达后，按实际成本入账。但如果月终仍未收到发票账单，应暂估入账，下月初作相反的会计分录予以冲回，待发票账单到达后再按实际成本入账。

购入原材料时：

借：材料采购

应交税费——应交增值税(进项税额)

贷：应付账款、应付票据等

验收入库后：

借：原材料

贷：材料采购

借(或贷)：材料成本差异（借贷方的差额）

【例4-8】华明公司采用商业承兑汇票支付方式购入M材料一批，专用发票上记载的货款为500 000元，增值税税额为85 000元，发票账单已收到，计划成本520 000元，材料已验收入库。华明公司应编制如下会计分录：

借：材料采购　　500 000

　　应交税费——应交增值税(进项税额)　　85 000

　　贷：应付票据　　585 000

验收入库后：

借：原材料　　520 000

　　贷：材料采购　　500 000

　　　　材料成本差异　　20 000

【例 4－9】华明公司购入 B 材料一批，材料已验收入库，发票账单未到，月末按照计划成本 600 000 元估价入账。华明公司应编制如下会计分录：

借：原材料　　600 000

　　贷：应付账款——暂估应付账款　　600 000

下月初作相反的会计分录予以冲回：

借：应付账款——暂估应付账款　　600 000

　　贷：原材料　　600 000

在这种情况下，对于尚未收到发票账单的收料凭证，月末应按计划成本暂估入账，借记"原材料"等科目，贷记"应付账款——暂估应付账款"科目，下期初作相反分录予以冲回，借记"应付账款——暂估应付账款"科目，贷记"原材料"科目。

企业购入验收入库的材料，按计划成本，借记"原材料"科目，贷记"材料采购"科目，按实际成本大于计划成本的差异，借记"材料成本差异"科目，贷记"材料采购"科目；实际成本小于计划成本的差异，借记"材料采购"科目，贷记"材料成本差异"科目。

3. 发出材料

月末，企业根据领料单等编制"发料凭证汇总表"结转发出材料的计划成本，应当根据所发出材料的用途，按计划成本分别记入"生产成本"、"制造费用”、“销售费用”、“管理费用”等科目，同时结转材料成本差异。

借：生产成本、制造费用、管理费用等

　　贷：原材料

同时：

借(或贷)：生产成本、制造费用、管理费用等

　　贷(或借)：材料成本差异（借贷方的差额）

【例4－10】 华明公司根据“发料凭证汇总表”的记录，某月L材料的消耗(计划成本)为：生产车间领用材料价值2 600 000元，车间管理部门领用250 000元，企业行政管理部门领用50 000元。实际成本为2 500 000元。华明公司应编制如下会计分录：

借：生产成本	2 600 000	
制造费用	250 000	
管理费用	50 000	
贷：原材料——L材料		2 900 000

根据《企业会计准则第1号——存货》的规定，企业日常采用计划成本核算的，发出的材料成本应由计划成本调整为实际成本，通过“材料成本差异”科目进行结转，按照所发出材料的用途，分别记入“生产成本”、“制造费用”、“销售费用”、“管理费用”等科目。发出材料应负担的成本差异应当按期(月)分摊，不得在季末或年末一次计算。公式如下：

发出材料应负担的成本差异＝发出材料的计划成本×本期材料成本差异率

【例4－11】 承**【例4－10】**，华明公司某月月初结存L材料的计划成本为1 000 000元，成本差异为超支30 740元；当月入库L材料的计划成本为3 200 000元，成本差异为节约200 000元。则：

材料成本差异率＝(30 740－200 000)÷(1 000 000＋3 200 000)×100%＝－4.03%。

结转发出材料的成本差异，华明公司应编制如下会计分录：

借：材料成本差异——L 材料	116 870	
贷：生产成本		104 780
制造费用		10 075
管理费用		2 015

第二节　库存商品

一、库存商品概述

库存商品是指企业已完成全部生产过程并已验收入库、合乎标准规格和技术条件，可以按照合同规定的条件送交订货单位，或可以作为商品对外销售的产品以及外购或委托加工完成验收入库用于销售的各种商品。库存商品具体包括库存产成品、外购商品、存放在门市部准备出售的商品、发出展览的商品、寄存在外的商品、接受来料加工制造的代制品和为外单位加工修理的代修品等。

已完成销售手续但购买单位在月末未提取的产品，不应作为企业的库存商品，而应作为代管商品处理，单独设置代管商品备查簿进行登记。库存商品可以采用实际成本法核算，也可以采用计划成本核算，其方法与原材料相似。

二、库存商品的账务处理

为了反映和监督库存商品的增减变动及其结存情况，企业应当设置“库存商品”科目，借方登记验收入库的库存商品成本，贷方登记发出的库存商品成本，期末余额在借方，反映各种库存商品的实际成本或计划成本。采用计划成本核算时，还需要设置“产品成本差异”科目，该科目的使用方法与“材料成本差异”相同。

(一)产成品入库的账务处理

企业生产的产成品一般应按实际成本核算，产成品的入库和出库，平时只记数量不记金额，期(月)末计算入库产成品的实际成本。生产完成验收入库的产成品，按其实际成本核算，会计分录如下：

借：库存商品

　　贷：生产成本

产成品种类较多的，也可按计划成本进行日常核算，其实际成本与计划成本的差异，可以单独设置“产品成本差异”科目，比照“材料成本差异”科目核算，会计分录如下：

借：库存商品

　　贷：生产成本

借(或贷)：产品成本差异

采用实际成本法进行产成品日常核算的，发出产成品的实际成本，可以采用先进先出法、加权平均法或个别认定法计算确定。

【例4－12】华明公司采用实际成本法核算库存商品，2012年11月末，产成品验收入库，金额合计100 000元，作出如下会计分录。

借：库存商品	100 000	
贷：生产成本		100 000

【例4－13】华明公司采用计划成本法核算库存商品，2012年11月末，产成品验收入库，计划金额合计100 000元，实际金额90 000，作出如下会计分录。

借：库存商品	100 000	
贷：生产成本		90 000
产品成本差异		10 000

(二)销售商品结转销售成本的账务处理

对外销售产成品，结转销售成本时，会计分录如下：

借：主营业务成本

　　贷：库存商品

采用计划成本核算的，发出产成品还应结转产品成本差异，将发出产成品的计划成本调整为实际成本。

借：主营业务成本

　　贷：库存商品

借(或贷)：产品成本差异

【例4－14】 华明公司月末汇总的发出商品中，当月已实现销售的Y产品有500台。Z产品有1 500台。该月Y产品实际单位成本5 000元，Z产品实际单位成本1 000元。在结转其销售成本时，华明公司应编制如下会计分录。

借：主营业务成本	4 000 000	
贷：库存商品——Y产品		2 500 000
——Z产品		1 500 000

三、售价金额法

售价金额核算法是在我国的会计实务中被商品零售企业广泛采用的存货核算方法。这种方法是通过“商品进销差价”科目进行处理的，平时商品的进、销、存均按售价记账，售价与进价的差额记入“商品进销差价”科目，期末通过计算进销差价率的办法计算本期已销商品应分摊的进销差价，并据以调整销售成本。公式如下：

进销差价率＝(期初商品进销差价＋本期发生的商品进销差价)÷(期初库存商品售价＋本期发生的商品售价)×100%

本期已销售商品应分摊的进销差价＝本期商品销售收入×进销差价率

【例4－15】某商店12月份的期初存货成本为100 000元，售价总额为125 000元；本期购货成本为450 000元，售价总额为675 000元；本期销售收入为640 000元，已收到支票。对本期购销业务编制会计分录如下(假定不考虑增值税)。

(1)购入：

借：库存商品　675 000

　　贷：应付账款或银行存款　450 000

　　　　商品进销差价　225 000

(2)销售收入：

借：银行存款　640 000

　　贷：主营业务收入　640 000

(3)结转商品销售成本：

借：主营业务成本　640 000

　　贷：库存商品　640 000

(4)计算进销差价率：

进销差价率＝(25 000＋225 000)÷(125 000＋675 000)×100%

　　　　　＝31.25%；

已销商品应分摊的进销差价＝640 000×31.25%＝200 000(元)。

根据已销商品应分摊的进销差价冲转销售成本：

借：商品进销差价　200 000

　　贷：主营业务成本　200 000

第三节　包装物

一、包装物的概念

包装物指在生产流通过程中，为包装本企业的产品或商品，并随同它们一起出售、出借或出租给购货方的各种包装容器。如桶、箱、瓶、坛、筐、罐、袋等。2006 年新的会计制度中，将包装物与低值易耗品，合并为包装物。

二、包装物的性质

1. 包装物的双重经济属性

包装物的会计属性是流动资产，是存货的一部分。根据对包装物的现行定义，包装物可分为两部分，一部分是作为企业商品的组成部分的包装物，如电视机的包装箱、包装衬衫的盒、装酒的瓶等，这部分包装物从经济属性上已属于“劳动对象”；另一部分包装物是为企业保存或保管另一种存货的包装容器等，如装油的桶、装酒的坛等，这部分包装物本质上属于“劳动手段”（或“劳动工具”）。因此，包装物是一种兼有两种“身份”的特殊存货，这种双重属性给包装物的确认带来了复杂性。

2. 包装物用途的多样性

包装物很难从它的用途或功能来进行区分，因为它的用途具有多样性。

（1）视同原材料的“包装物”。有一类包装物，它们主要用于产品的生产中，与原材料一样形成产品的实体，因此一般把它们等同原材料来进行核算。

（2）视同工具的“包装物”。这种包装物是为保管或保存企业别的存货而需要的包装容器或包装器具，虽然这些包装物有“包装”的外型和功能，但他们实质上只是一种“劳动工具”，因此可以视为一些具有“包装”功能的低值易耗品（如果价值上符合固定资产的标准，它们还应归入“固定资产”）。

（3）随同商品出售不单独计价的包装物。这些包装物是在商品销售过程中，或为商品的保管提供方便，或为商品的美观考虑，或为顾客提供方便等而伴随着商品一同出售，不单独向顾客收取价款的包装物。

（4）随同商品出售单独计价的包装物。这些包装物尽管也随同商品一同出售，但因为价值较高，并且顾客一般也有选择的权利（如有些食品的礼品盒），对需要的顾客采取在商品价格外单独收费的包装物。这类包装物在经营食品和礼品的企业中较常见。

（5）出租出借的包装物。企业出租出借的包装物一般也是与企业的销售有关，并且是一些可以周转使用的包装物。包装物出租过程中企业向承租方收取租金，出借是企业无偿向对方借出包装物。

包装物性质的双重性和用途的多样性特点给包装物的界定带来了不确定性，也动摇了包装物作为一个独立的会计项目的地位，同时带来了包装物在确认方面的一些问题。

三、包装物的现行核算

目前包装物的确认和相关核算的具体做法一般以《企业会计制度》(2001)为依据。但该制度提供的包装物核算中所指的包装物只是包装物概念中所指包装物的一部分，具体可归纳如下：

1. 不按“包装物”核算的包装物

(1)上文所述的“视同原材料的‘包装物’”中的一部分，如纸、绳、铁丝、铁皮等，因其包装功能不是太明显，故将其作为普通的“原材料”核算，与“包装物”脱离。

(2)上文所述“视同工具的‘包装物’”，这类包装物根据其价值不同分别进行核算，价值达到固定资产标准的归入“固定资产”进行核算，而达不到固定资产价值标准的那一类包装物作为“低值易耗品”核算。这一类包装物尽管从功能上符合包装物的定义，但因它们从经济性质上又与其他会计项目重叠，故也将它们从包装物范围中剥离。

2. 作为“包装物”核算的包装物

(1)作为产品一部分的包装物。

如电视机生产中领用的纸包装盒，啤酒生产中使用的瓶或罐等。生产领用时，这些包装物与其他原材料一样从物质上形成产品的实体，从价值上转化为产品的制造成本。因此，生产领用时，应作如下分录：

借：生产成本

　　贷：包装物

借(或贷)：材料成本差异(存货采用计划成本计价时，下同)

(2)随同商品出售但不单独计价的包装物。

这部分包装物一般是作为企业促销的手段，并给顾客提供方便的包装物。因此，这类包装物的价值应转化为企业的一项“销售费用”来处理。销售领用时应作如下分录：

借：销售费用

　　贷：包装物

借(或贷)：材料成本差异

(3)随同商品出售并单独计价的包装物。

这类包装物与上述包装物一样也是用在产品销售过程中，只是本包装物向客户单独“计价”收费，因此会计上等同材料销售处理，其形成的收入作为“其他业务收入”处理，同时作为增值税的一个纳税项目核算其“销项税额”。因此，收到包装物款项时，应作如下分录：

借：银行存款

　　贷：其他业务收入

　　　　应交税金费——应交增值税(销项税额)

结转包装物成本时：

借：其他业务支出

　　贷：包装物

借(或贷)：材料成本差异

(4)出租出借的包装物。

这一类包装物是以“租借”形式向客户提供的不发生所有权转移的包装物，核算上也有别于以上三类包装物。以出租方式的包装物的核算一般分为押金收取、收取租金、结转成本、退回押金几个环节，其中租金收入作为“其他业务收入”处理。以出借方式的包装物不发生收入，仅发生成本，而这种成本会计上也一般作为促销费用，以“销售费用”入账，其他核算环节与出租相同。出租出借包装物的业务及分录如下所示。

① 发出包装物并收取押金：

借：银行存款

　　贷：其他应付款

② 收取包装物租金：

借：银行存款

　　贷：其他业务收入

　　　　应交税费——应交增值税(销项税额)

③ 结转包装物成本：

借：其他业务支出

　　贷：包装物

借：（或货）材料成本差异（计划成本时）

借：销售费用

　　贷：包装物

借（或贷）：材料成本差异（计划成本时）

④ 收回包装物并退回押金：

借：其他应付款

　　贷：银行存款

综上所述，现行制度中真正作为会计上的“包装物”核算的仅有上文所述的四种情况，包装物很难从它的经济特性进行界定，也不能根据它的用途完全独立归类，因而导致了其定义与核算相脱节的矛盾情况，这一点是与其他存货，如原材料、低值易耗品、委托加工物资、库存商品等是不同的。

第五章　存货管理

第一节　存货管理的基本概念

一、存货管理的目标

存货管理的目标如图 5 – 1 所示。

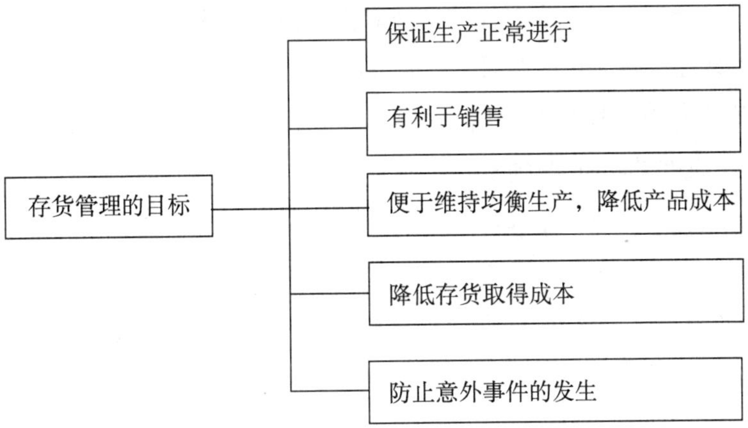

图 5 – 1　存货管理的目标

如果工业企业能在生产投料时随时购入所需的原财料，或者商业企业能在销售时随时购入该项商品，就不需要存货。但实际上，企业总有储存存货的需要，并因此占用或多或少的资金。存货管理的目标具体包括以下几个方面：

（一）保证生产正常进行

生产过程中需要的原材料和在产品是生产的物质保证，为保障生产的正常进行，必须储备一定量的原材料，否则可能会造成生产中断、停工待料的现象。实际上，企业很少能做到随时购入生产或销售所需的各种物资，即使是市场供应量充足的物资也如此。这不仅因为不时会出现某种材料的市场断档，还因为企业距供货点较远而需要必要的途中运输及可能出现的运输故障。一旦生产或销售所需物资短缺，生产经营将被迫停顿，造成损失。为了避免或减少出现停工待料、停业待货等事故，企业需要储存存货。

（二）有利于销售

一定数量的存货储备能够增加企业在生产和销售方面的机动性和适应市场变化的能力。当企业市场需求量增加时，若产品储备不足就有可能失去销售良机，所以保持一定量的存货是有利于市场销售的。

（三）便于维持均衡生产，降低产品成本

有些企业产品属于季节性产品或者需求波动较大的产品，此时若根据需求状况组织生产，则可能有时生产能力得不到充分利用，有时又超负荷生产，这会造成产品成本的上升。

（四）降低存货取得成本

一般情况下，当企业进行采购时，进货总成本与采购物资的单价和采购次数有密切关系。而许多供应商为鼓励客户多购买其产品，往往在客户采购量达到一定数量时，给予价格折扣，所以企业通过大批量集中进货，既可以享受价格折扣，降低购置成本，也因减少订货次数，降低了订货成本，使总的进货成本降低。

但是，过多的存货要占用较多的资金，并且会增加包括仓储费、保险费、维护费、管理人员工资在内的各项开支。进行存货管理，就要尽力在各种存货成本与存货效益之间作出权衡，达到两者的最佳结合，这也就是存货管理的目标。

（五）防止意外事件的发生

企业在采购、运输、生产和销售过程中，都可能发生意料之外的事故，保持必要的存货保险储备，可以避免和减少意外事件的损失。

二、存货周转率

存货周转率是销售收入与存货的比值。有三种计量方式，其计算公式如下：

存货周转次数 = 销售收入/存货

存货周转天数 =365/(销售收入/存货)

存货与收入比 = 存货/销售收入

在计算和使用存货周转率时，应注意以下问题：

(1)计算存货周转率时，使用“销售收入”还是“销售成本”作为周转额，要看分析的目的。在短期偿债能力分析中，为了评估资产的变现能力需要计量存货转换为现金的数量和时间，应采用“销售收入”。在分解总资产周转率时，为系统分析各项资产的周转情况并识别主要的影响因素，应统一使用“销售收入”计算周转率。如果是为了评估存货管理的业绩，应当使用“销售成本”计算存货周转率，使其分子和分母保持口径一致。实际上，两种周转率的差额是毛利引起的，用任何一种计算都能达到分析目的。

(2)存货周转天数不是越低越好。存货过多会浪费资金，存货过少不能满足流转需要，在特定的生产经营条件下存在一个最佳的存货水平，所以存货不是越少越好。

(3)应注意应付款项、存货和应收账款(或销售)之间的关系。一般说来，销售增加会拉动应收账款、存货、应付账款增加，不会引起周转率的明显变化。但是，当企业接受一个大的订单时，先要增加采购，然后依次推动存货和应收账款增加，最后才引起收入上升。因此，在该订单没有实现销售以前，先表现为存货等周转天数增加，这种周转天数增加，没有什么不好。与此相反，预见到销售会萎缩时，先行减少采购，以此引起存货周转天数等下降，这种周转天数下降不是什么好事，并非资产管理的改善。因此，任何财务分析都以认识经营活动的本来面目为目的，不可根据数据的高低作简单的结论。

(4)应关注构成存货的产成品、自制半成品、原材料、在产品和低值易耗品之间的比例关系。各类存货的明细资料以及存货重大变动的解释，在报表附注中应有披露。正常的情况下，它们之间存在某种比例关系。如果产成品大量增加，其他项目减少，很可能是销售不畅，放慢了生产节奏。此时，总的存货金额可能并没有显著变动，甚至尚未引起存货周转率的显著变化。因此，在分析时既要重点关注变化大的项目，也不能完全忽视变化不大的项目，其内部可能隐藏着重要问题。

三、存货的持有成本

与持有成本有关的成本，包括以下三种。

（一）取得成本

取得成本指为取得某种存货而支出的成本，通常用 TC_A 来表示，分为订货成本和购置成本。

1. 订货成本

订货成本指取得订单的成本，如办公费、差旅费、邮资、通信费、运输费等支出。订货成本中有一部分与订货次数无关，如常设采购机构的基本开支等，称为固定的订货成本，用 F_1 表示；另一部分与订货次数有关，如差旅费、邮资等，称为订货的变动成本。每次订货的变动成本用 K 表示；订货次数等于存货年需要量 D 与每次进货量 Q 之商。订货成本的计算公式为：

$$\text{订货成本} = F_1 + \frac{D}{Q}K$$

2. 购置成本

购置成本指为购买存货本身所支出的成本，即存货本身的价值，经常用数量与单价的乘积来确定。年需要量用 D 表示，单价用 U 表示，于是购置成本为 DU。

订货成本加上购置成本，就等于存货的取得成本。其公式可表达为：

取得成本 = 订货成本 + 购置成本 = 订货固定成本 + 订货变动成本 + 购置成本

$$TC_A = F_1 + \frac{D}{Q}K + DU$$

（二）储存成本

储存成本指为保持存货而发生的成本，包括存货占用资金所应计的利息、仓库费用、保险费用、存货破损和变质损失等，通常用 TC_C 来表示。

储存成本也分为固定成本和变动成本。固定成本与存货数量的多少无关，如仓库折旧、仓库职工的固定工资等，常用 F_2 表示。变动成本与存货的数量有关，如存货资金的应计利息、存货的破损和变质损失、存货的保险费用等，单位储存变动成本用 K_C 来表示。用公式表达的储存成本为：

储存成本 = 储存固定成本 + 储存变动成本

$$TC_C = F_2 + K_C \frac{Q}{2}$$

（三）缺货成本

缺货成本指由于存货供应中断而造成的损失，包括材料供应中断造成的停工损失、产成品库存缺货造成的拖欠发货损失和丧失销售机会的损失及造成的商誉损失等；如果生产企业以紧急采购代用材料解决库存材料中断之急，那么缺货成本表现为紧急额外购入成本。缺货成本用 TC_S 表示。

如果以 TC 来表示储备存货的总成本，它的计算公式为：

$$TC = TC_a + TC_C + TC_S = F_1 + \frac{D}{Q}K + DU + F_2 + K_C \frac{Q}{2} + TC_S$$

企业存货的最优化，就是使企业存货总成本即上式 TC 值最小。

第二节　存货决策

存货的决策涉及四项内容：决定进货项目、选择供应单位、决定进货时间和决定进货批量。决定进货项目和选择供应单位是销售部门、采购部门和生产部门的职责。财务部门要做的是决定进货时间和决定进货批量（分别用 T 和 Q 表示）。按照存货管理的目的，需要通过合理的进货批量和进货时间，使存货的总成本最低，这个批量叫做经济订货量或经济批量。有了经济订货量，可以很容易地找出最适宜的进货时间。

与存货总成本有关的变量（即影响总成本的因素）很多，为了解决比较复杂的问题，有必要简化或舍弃一些变量，先研究解决简单的问题，然后再扩展到复杂的问题。这需要设立一些假设，在此基础上建立经济订货量的基本模型。

一、假设条件

经济订货量基本模型需要设立的假设条件是：

(1)企业能够及时补充存货，即需要订货时便可立即取得存货。

(2)能集中到货，而不是陆续入库。

(3)不允许缺货，即无缺货成本，TC_S 为零，这是因为良好的存货管理本来就不应该出现缺货成本。

(4)需求量稳定，并且能预测，即 D 为已知常量。

(5)存货单价不变，即 U 为已知常量。

(6)企业现金充足，不会因现金短缺而影响进货。

(7)所需存货市场供应充足，不会因买不到需要的存货而影响其他。

二、基本模型

设立了上述假设后，存货总成本的公式可以简化为：

$$TC = F_1 + \frac{D}{Q}K + DU + F_2 + K_C\frac{Q}{2}$$

当 F_1、K、D、U、F_2、K_C 为常数量时，TC 的大小取决于 Q。为了求出 TC 的极小值，对其进行求导计算，可得出下列公式：

$$Q^* = \sqrt{\frac{2KD}{K_C}}$$

这一公式称为经济订货量基本模型，求出的每次订货批量，可使 TC 达到最小值。

这个基本模型还可以演变为其他形式：

每年最佳订货次数公式：

$$N^* = \frac{D}{Q^*} = \frac{D}{\sqrt{\frac{2KD}{K_C}}} = \sqrt{\frac{DK_C}{2K}}$$

与批量有关的存货总成本公式：

$$TC_{(Q^*)} = \frac{KD}{\sqrt{\frac{2KD}{K_C}}} + \frac{\sqrt{\frac{2KD}{K_C}}}{2} \cdot K_C = \sqrt{2KDK_C}$$

最佳订货周期公式：

$$t^* = \frac{1}{N^*} = \frac{1}{\sqrt{\frac{DK_C}{2K}}}$$

经济订货量占用资金：

$$I^* = \frac{Q^*}{2} \cdot U = \frac{\sqrt{\frac{2KD}{K_C}}}{2} \cdot U = \sqrt{\frac{KD}{2K_C}} \cdot U$$

【例5-1】某企业每年耗用某种材料3 600千克，单位价格为10元，单位存储成本为2元，一次订货成本为25元。则：

$$Q^* = \sqrt{\frac{2KD}{K_C}} = \sqrt{\frac{2 \times 3\ 600 \times 25}{2}} = 300(\text{千克})。$$

$$N^* = \frac{D}{Q^*} = \frac{3\ 600}{300} = 12(\text{次})。$$

$$TC_{(Q^*)} = \sqrt{2KDK_C} = \sqrt{2 \times 25 \times 3\ 600 \times 2} = 600(\text{元})。$$

$$t^* = \frac{1}{N^*} = \frac{1}{12}(\text{年}) = 1(\text{月})。$$

$$I^* = \frac{Q^*}{2} \cdot U = \frac{300}{2} \times 10 = 1\ 500(\text{元})。$$

经济订货量也可以用图解法求得：先计算出一系列不同批量的各有关成本，然后在坐标图上描出由各有关成本构成的订货成本线、储存成本线和总成本线，总成本线的最低点(或者是订货成本线和储存成本线的交点)相应的批量，即经济订货量。

不同批量下的有关成本指标如表5-1所示。

表 5－1 不同批量下的有关成本指标

订货批量	100	200	300	400	500	600
平均存量	50	100	150	200	250	300
储存成本	100	200	300	400	500	600
订货次数	36	18	12	9	7.2	6
订货成本	900	450	300	225	180	150
总成本	1 000	650	600	625	680	750

不同批量的有关成本变动情况如图 5－2 所示。从成本指标的计算和图形中可以很清楚地看出，当订货批量为 300 千克时总成本最低，小于或大于这一批量都是不合算的。

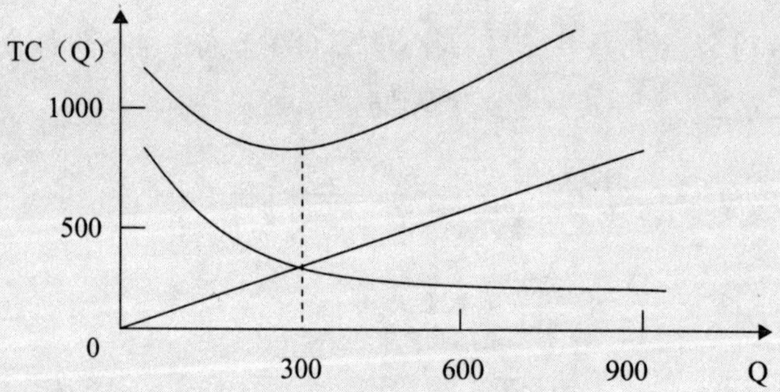

图 5－2 不同批量的成本变动情况

三、基本模型的扩展

经济订货量的基本模型是在前述各假设条件下建立的，但现实生活中能够满足这些假设条件的情况十分罕见。为使模型更接近于实际情况，具有较高的可用性，需逐一放宽假设，同时改进模型。

(一) 订货提前期

一般情况下，企业的存货不能做到随用随时补充，因此不能等存货用光再去订货，而需要在没有用完时提前订货。在提前订货的情况下，企业再次发出订货单时，尚有存货的库存量，称为再订货点，用 R 来表示。它的数量等于交货时间(L)和每日平均需用量(d)的乘积：

$$R = L \cdot d$$

【例 5－2】续例**【例 5－1】**，企业订货日至到货期的时间为 10 天，每日存货需要量为 10 千克，那么：

$$R = L \cdot d = 10 \times 10 = 100(\text{千克})。$$

即企业在尚存 100 千克存货时，就应当再次订货，等到下批订货到达时(再次发出订货单 10 天后)，原有库存刚好用完。此时，有关存货的每次订货批量、订货次数、订货间隔时间等并无变化，与瞬时补充时相同。订货提前期的情形见图 5－3。这就是说，订货提前期对经济订货量并无影响，可仍以原来瞬时补充情况下的 300 千克为订货批量，只不过在达到再订货点(库存 100 千克)时即发出订货单罢了。

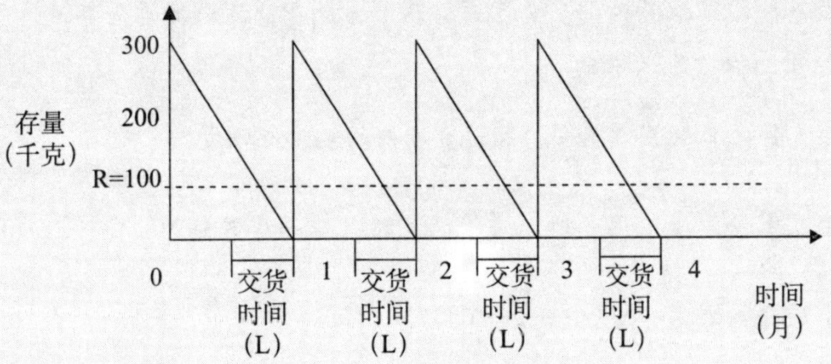

图 5－3　订货提前期

(二)存货陆续供应和使用

在建立基本模型时，是假设存货一次全部入库，故存货增加时存量变化为一条垂直的直线。事实上，各批存货可能陆续入库，使存量陆续增加。尤其是产成品入库和在产品转移，几乎总是陆续供应和陆续耗用的。在这种情况下，需要对图 5－3 基本模型做一些修改。

【例5－3】某零件年需用量(D)为3 600件，每日送货量(P)为30件，每日耗用量(d)为10件，单价(U)为10元，一次订货成本(生产准备成本)(K)为25元，单位储存变动成本(K_C)为2元。存货数量的变动如图5－4所示。

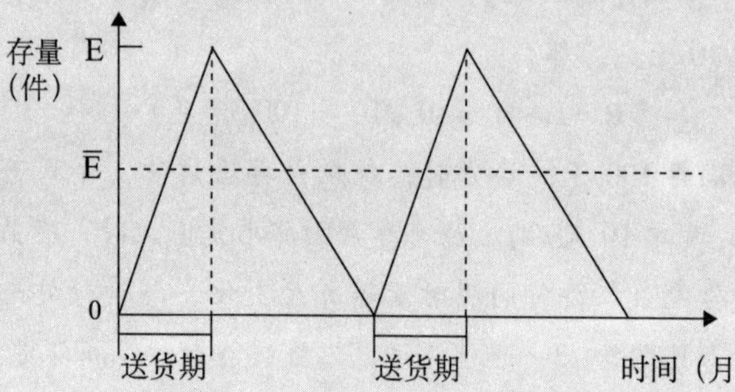

图5－4　陆续供货时存货数量的变动

设每批订货批量为Q。由于每日送货量为P，故该批货全部送达所需日数为Q/P，称之为送货期。

因零件每日耗用量为d，故送货期内的全部耗用量为：$\frac{Q}{P}\cdot d$。

由于零件边送边用，所以每批送完时，最高库存量为：$Q-\frac{Q}{P}\cdot d$。

平均存量则为：$\frac{1}{2}(Q-\frac{Q}{P}\cdot d)$。

图5－4中的E表示最高库存量，$\overline{E}$表示平均库存量。这样，与批量有关的总成本为：

$$TC(Q)=\frac{D}{Q}\cdot K+\frac{1}{2}\left(Q-\frac{Q}{P}\cdot d\right)\cdot K_C=\frac{D}{Q}\cdot K+\frac{Q}{2}\left(1-\frac{d}{P}\right)\cdot K_C$$

在订货变动成本与储存变动成本相等时，TC(Q)有最小值，故存货陆续供应和使用的经济订货量公式为：

$$\frac{D}{Q}\cdot K=\frac{Q}{2}\left(1-\frac{d}{P}\right)\cdot K_C,\ Q^*=\sqrt{\frac{2KD}{K_C}\cdot\frac{P}{P-d}}$$

将这一公式代入上述TC(Q)公式，可得出存货陆续供应和使用的经济订货量总成本公式为：

$$TC_{(Q^*)}=\sqrt{2KDK_C\cdot\left(1-\frac{d}{P}\right)}$$

将上述**【例5－3】**数据代入，则：

$$Q^*=\sqrt{\frac{2\times25\times3\,600}{2}\times\frac{30}{30-10}}=367(件)。$$

$$TC_{(Q^*)}=\sqrt{2\times25\times3\,600\times2\times\left(1-\frac{10}{30}\right)}=490(元)。$$

陆续供应和使用的经济订货量模型，还可以用于自制和外购的选择决策。自制零件属于边送边用的情况，单位成本可能较低，但每批零件投产的生产准备成本比一次外购订货的订货成本可能高出许多。外购零件的单位成本可能较高，但订货成本可能比较低。要在自制零件和外购零件之间作出选择，需要全面衡量它们各自的总成本，才能得出正确的结论。这时，就可借用陆续供应或瞬时补充的模型。

【例5－4】某生产企业使用A零件，可以外购，也可以自制。如果外购，单价4元，一次订货成本10元；如果自制，单位成本3元，每次生产准备成本600元，每日产量50件。零件的全年需求量为3 600件，储存变动成本为零件价值的20%，每日平均需求最多为10件。

下面分别计算零件外购和自制的总成本，以选择较优的方案。

(1)外购零件：

$$Q^*=\sqrt{\frac{2KD}{K_C}}=\sqrt{\frac{2\times10\times3\,600}{4\times0.2}}=300(件)；$$

$$TC_{(Q^*)}=\sqrt{2KDK_C}=\sqrt{2\times10\times3\,600\times4\times0.2}=240(元)；$$

$$TC=DU+TC_{(Q^*)}=3\,600\times4+240=14\,640(元)。$$

(2)自制零件：

$$Q^*=\sqrt{\frac{2KD}{K_C}\cdot\frac{P}{P-d}}=\sqrt{\frac{2\times600\times3\,600}{3\times0.2}\times\frac{50}{50-10}}=3\,000(件)；$$

$$TC_{(Q^*)}=\sqrt{2KDK_C\cdot\left(1-\frac{d}{P}\right)}$$

$$=\sqrt{2\times 600\times 3\ 600\times 3\times 0.2\times\left(1-\frac{10}{50}\right)}=1\ 440(元);$$

$$TC=DU+TC_{(Q^*)}=3\ 600\times 3+1\ 440=12\ 240(元)。$$

由于自制的总成本(12 240 元)低于外购的总成本(14 640 元)，故以自制为宜。

(三)保险储备

以前讨论假定存货的供需稳定且确知，即每日需求量不变，交货时间也固定不变。实际上，每日需求量可能变化，交货时间也可能变化。按照某一订货批量(如经济订货批量)和再订货点发出订单后，如果需求增大或送货延迟，就会发生缺货或供货中断。为防止由此造成的损失，就需要多储备一些存货以备应急之需，称为保险储备(安全存量)。这些存货在正常情况下不动用，只有当存货过量使用或送货延迟时才动用。保险储备如图 5－5 所示。

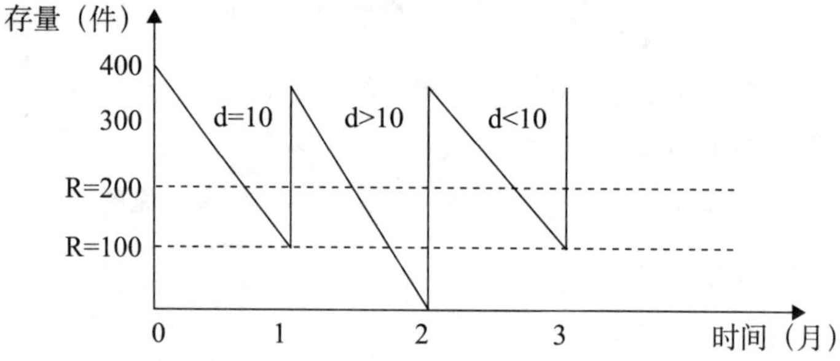

图 5－5　存货的保险储备

图 5－5 中，年需用量(D)为 3 600 件，已计算出经济订货量为 300 件，每年订货 12 次。又知全年平均日需求量(d)为 10 件，平均每次交货时间(L)为 10 天。为防止需求变化引起缺货损失，设保险储备量(B)为 100 件，再订货点 R 由此而相应提高为：

$R=交货时间\times平均日需求+保险储备=L\cdot d+B=10\times 10+100=200(件)$。

在第一个订货周期里，$d=10$，不需要动用保险储备；在第二个订货周期内，$d>10$，需求量大于供货量，需要动用保险储备；在第三个订货周期内，

$d<10$，不仅不需动用保险储备，正常储备尚未用完，下次存货即已送到。

建立保险储备，固然可以使企业避免缺货或供应中断造成的损失，但存货平均储备量加大却会使储备成本升高。研究保险储备的目的，就是要找出合理的保险储备量，使缺货或供应中断损失和储备成本之和最小。方法上可先计算出各不同保险储备量的总成本，然后再对总成本进行比较，选定其中最低的。

如果设与此有关的总成本为 TC(S，B)，缺货成本为 C_S，保险储备成本为 C_B，则：

$$TC(S, B) = C_S + C_B$$

设单位缺货成本为 K_U，一次订货缺货量为 S，年订货次数为 N，保险储备量为 B，单位存货成本为 K_C，则：

$$C_S = K_U \cdot S \cdot N$$

$$C_B = B \cdot K_C$$

$$TC(S, B) = K_U \cdot S \cdot N + B \cdot K_C$$

现实中，缺货量 S 具有概率性，其概率可根据历史经验估计得出；保险储备量 B 可选择而定。

【例 5-5】假定某存货的年需要量 D = 3 600 件，单位储存变动成本 $K_C=2$ 元，单位缺货成本 $K_U=4$ 元，交货时间 L = 10 天；已经计算出经济订货量 Q = 300 件，每年订货次数 N = 12 次。交货期内的存货需要量及其概率分布如表 5-2 所示。

表 5-2　交货期内的存货需要量及其概率分布

存货需要量(10×d)	70	80	90	100	110	120	130
概率	0.01	0.04	0.20	0.50	0.20	0.04	0.01

先计算不同保险储备的总成本。

(1)不设置保险储备量。

即令 B = 0，且以 100 件为再订货点。此种情况下，当需求量为 100 件或其以下时，不会发生缺货，其概率为 0.75(0.01 + 0.04 + 0.20 + 0.50)；

当需求量为110件时，缺货10(110－100)件，其概率为0.20；当需求量为120件时，缺货20(120－100)件，其概率为0.04；当需求量为130件时，缺货30(130－100)件，其概率为0.01。因此，B＝0时缺货的期望值S_0、总成本TC(S，B)可计算如下：

$S_0=(110-100)\times0.2+(120-100)\times0.04+(130-100)\times0.01=3.1$(件)；

$TC(S, B)=K_U\cdot S\cdot N+B\cdot K_C=4\times3.1\times12+0\times2=148.8$(元)。

(2)保险储备量为10件。

即B＝10件，以110件为再订货点。此种情况下，当需求量为110件或其以下时，不会发生缺货，其概率为0.95(0.01＋0.04＋0.20＋0.50＋0.20)；当需求量为120件时，缺货10(120－110)件，其概率为0.04；当需求量为130件时，缺货20(130－110)件，其概率为0.01。因此，B＝10件时缺货的期望值S_{10}、总成本TC(S，B)可计算如下：

$S_{10}=(120-110)\times0.04+(130-110)\times0.01=0.6$(件)；

$TC(S, B)=K_U\cdot S\cdot N+B\cdot K_C=4\times0.6\times12+10\times2=48.8$(元)。

(3)保险储备量为20件。

同样运用以上方法，可计算S_{20}、TC(S，B)为：

$S_{20}=(130-120)\times0.01=0.1$(件)；

$TC(S, B)=4\times0.1\times12+20\times2=44.8$(元)。

(4)保险储备量为30件。

即B＝30件，以130件为再订货点。此种情况下可满足最大需求，不会发生缺货，因此：

$S_{30}=0$；

$TC(S, B)=4\times0\times12+30\times2=60$(元)。

然后，比较上述不同保险储备量的总成本，以其低者为最佳。

当B＝20件时，总成本为44.8元，是各总成本中最低的。故应确定保险储备量为20件，或者说应确定以120件为再订货点。

以上举例解决了由于需求量变化引起的缺货问题。至于由于延迟交货引起的缺货，也可以通过建立保险储备量的方法来解决。确定其保险储备量时，可将延迟的天数折算为增加的需求量，其余计算过程与前述方法相同。如前例，若企业延迟到货3天的概率为0.01，则可认为缺货30(3×10)件或者交货期内需求量为130(10×10+30)件的概率为0.01。这样就把交货延迟问题转换成了需求过量问题。

第三节 存货的控制系统

伴随着业务流程重组的兴起以及计算机行业的发展，库存管理系统也得到了很大的发展。从MRP(物料资源规划)发展到MRP-II(制造资源规划)，再到ERP(企业资源规划)，以及后来的柔性制造和供应链管理，甚至是外包(outsourcing)等管理方法的快速发展，都大大促进了企业库存管理方法的发展。这些新的生产方式把信息技术革命进步融为一体，提高了企业的整体运作效率。

目前存货控制系统主要分为两类，如表5－3所示。

表5－3 存货控制系统的分类及内容

存货控制系统	定义
ABC控制系统	把企业种类繁多的存货，依据其重要程度、价值大小或者资金占用等标准分为A、B、C三大类
适时制库存控制系统	只要在必要的时间内生产必要的产品

一、ABC控制系统

ABC控制法就是把企业种类繁多的存货，依据其重要程度、价值大小或者资金占用等标准分为三大类：A类高价值库存，品种数量约占整个库存的10%至15%，但价值约占全部库存的50%至70%；B类中等价值库存，品种数量约占全部库存的20%至25%，价值约占全部库存的15%至

20%；C 类低价值库存，品种数量多，约占整个库存的 60% 至 70%，价值约占全部库存的 10% 至 35%。针对不同类别的库存分别采用不同的管理方法，A 类库存应作为管理的重点，实行重点控制、严格管理；而对 B 类和 C 类库存的重视程度则可依次降低，采取一般管理。

二、适时制库存控制系统

适时制库存控制系统，又称零库存管理、看板管理系统。它最早是由丰田公司提出并将其应用于实践，是指制造企业事先与供应商和客户协调好，只有当制造企业在生产过程中需要原料或零件时，供应商才会将原料或零件送来；而每当产品生产出来就被客户拉走。这样，制造企业的库存持有水平就可以大大下降。显然，适时制库存控制系统需要的是稳定而标准的生产程序以及与供应商的诚信，否则，任何一环出现差错将导致整个生产线的停止。目前，已有越来越多的公司利用适时制库存控制系统减少甚至消除对库存的需求——即实行零库存管理，比如，沃尔玛、丰田、海尔等。适时制库存控制系统的进一步发展被应用于企业整个生产管理过程中——集开发、生产、库存和分销于一体，大大提高了企业运营管理效率。

第六章　产品成本计算

第一节　成本计算概述

一、成本的一般概念

一般来说，成本是指为了达到特定目的所失去或放弃的资源。这里的“资源”，不仅包括作为生产资料和生活资料的天然资源，还包括经过人类加工的物质资源以及人力资源。“特定目的”是指需要对成本进行单独测量的任何活动，也就是成本对象，例如一件产品、一项设计、一项服务、一个客户、一种商标、一个部门或者一项工作计划。“失去”是指资源被消耗，例如材料在生产中被消耗掉、设备在使用中被磨损等；“放弃”是指资源交给其他企业或个人，例如用货币支付工资或加工费等。

如同任何被频繁使用的词汇一样，人们在不同意义上使用“成本”一词。“成本”在会计学、管理学和经济学中，有不同的概念，即使在同一领域内，人们对成本的理解也五花八门，这种状况给讨论成本问题带来很大困难。为了便于学习，必须统一有关概念。本教材采纳某一种定义，并不意味着就是唯一正确的。

会计学可以分为财务会计和管理会计两大分支。在财务会计中，成本是根据财务报表的需要定义的，他们由会计准则或会计制度来规范，因此可以称之为“报表成本”、“制度成本”或“法定成本”。注册会计师的主要业务之一是财务报表审计，准确理解财务会计中的成本含义有重要意义。在管理会计中，成本一词在不同的情况下有不同的含义。成本计算要兼顾财务会计和管理会计的需要，涉及多种成本概念。这里，我们先讨论财务会计的成本概念。

在财务会计中，成本是指取得资产或劳务的支出。例如，固定资产的成本是指取得该资产的买价、运输和保险等相关支出；存货成本是指取得存货的支出，包括采购成本、加工成本和其他支出。成本计算通常是指存货成本的计算，因此，“成本”实际上是指存货成本。

存货的取得方式有两种：一种是从企业外部购买，另一种是企业自己生产。在外购场合下，存货成本是买价加上有关支出的全部或部分，可称之为“采购成本”；在自己生产的场合下，存货的成本是在生产经营过程中提供产品或劳务所发生的支出，包括原材料的采购成本、加工成本和其他成本。

存货成本的特征及内容，如表6-1所示。

表6-1 存货成本的特征及内容

存货成本的特征	内容
成本是经济资源的耗费	生产经营过程同时也是资产的耗费过程，任何原材料或设备在耗用之后，它们的原始购置成本就随之归属于产出物，成为产出物的成本
成本是以货币计量的耗费	生产经营成本是以货币计量的。它们若不是过去已经支付了货币，就是将来需要支付货币
成本是特定对象的耗费	成本总是针对特定对象或目的的。成本是转移到一定产出物的耗费，是针对一定的产出物计算归集的
成本是正常生产经营活动的耗费	只有生产经营活动的正常耗费才能计入生产经营成本并从营业收入中扣减

（一）成本是经济资源的耗费

生产经营过程同时也是资产的耗费过程。例如，为生产产品需要耗费原材料、磨损固定资产以及用现金支付工资等。原材料、固定资产和现金，都是企业的资产。成本是经济资源的耗费，经常作为耗费、花费的同义词使用。

根据成本归属理论，当任何原材料或设备在耗用之后，它们的原始购置成本就随之归属于产出物，成为产出物的成本。

（二）成本是以货币计量的耗费

生产经营成本是以货币计量的。它们若不是过去已经支付了货币，就是将来需要支付货币。没有支付货币的耗费，如生产对环境的损害等，只要企业对此不需要支付现金就不能计入生产经营成本。

根据成本流转观念，企业从购进设备和原材料开始，直到把产品交给客户，随着实物的流转，成本亦在流转。会计人员追溯成本的流转过程，通过成本记录反映企业的经济活动，最初购置资产的货币支出逐步归属到产品。因此，成本总是需要支付货币的，或者说只有支付货币的耗费才属于存货成本。

（三）成本是特定对象的耗费

成本总是针对特定对象或目的的。成本是转移到一定产出物的耗费，是针对一定的产出物计算归集的。这个产出物称为成本计算对象，它可以是一件产品或者一项服务。

成本和费用的区别之一就是成本有特定的对象而费用没有特定对象。广义的费用是资产的耗费，它强调资产已经被耗费而不是被“谁”耗费；狭义的费用仅指为取得营业收入而发生的资产耗费，它强调与特定会计期收入配比的耗费，而不是特定产出物的耗费。

（四）成本是正常生产经营活动的耗费

从理论上说，企业的全部经济活动应当分为生产经营活动、投资活动和筹资活动，这三项活动的损溢在利润表中要分开列报，以便分别评价其业绩。企业经济活动的正常损溢和非正常损溢也要分开报告，以便评价企业的获利能力。只有生产经营活动的正常耗费才能计入生产经营成本并从营业收入中扣减，以便使“营业利润”能反映生产经营活动的正常获利能力。

成本计算中的存货成本，是正常生产经营状态下的成本。非正常的、意外的耗费不计入存货成本，而将其直接列为期间费用或损失。

二、成本的分类

（一）成本按经济性质分类

企业的生产经营过程也是劳动对象、劳动手段和活劳动的耗费过程。因此，生产经营成本按其经济性质可以分为劳动对象的耗费、劳动手段的耗费和活劳动的耗费三大类。前两类是物化劳动耗费，后一类是活劳动耗费，它们构成了生产经营成本的三大要素。

在实务中，为了便于分析和利用，生产经营成本按经济性质划分为以下类别：

（1）外购材料。指耗用的一切从外部购入的原料及主要材料、半成品、辅助材料、包装物、修理用备件、低值易耗品和外购商品等。

（2）外购燃料。指耗用的一切从外部购入的各种燃料。

（3）外购动力。指耗用的从外部购入的各种动力。

（4）工资。指企业应计入生产经营成本的职工工资。

（5）提取的职工福利费。指企业按照工资总额的一定比例提取的职工福利费。

（6）折旧费。指企业提取的固定资产折旧。

（7）税金。指应计入生产经营成本的各项税金，例如土地使用税、房产税、印花税、车船税等。

（8）其他支出。指不属于以上各要素的耗费，例如邮电通讯费、差旅费、租赁费、外部加工费等。

上述生产经营成本的各要素称为“费用要素”。按照费用要素反映的费用称为“要素费用”。

按照费用要素分类反映的成本信息，可以反映企业在一定时期内发生了哪些生产经营耗费，数额各是多少。用以分析企业耗费的结构与水平，还可以反映物质消耗和非物质消耗的结构与水平，有助于统计工业净产值和国民收入。

（二）成本按经济用途分类

生产经营成本按其经济用途分为以下类别：

（1）研究与开发成本。指为创造新产品、新服务和新生产过程而发生的成本。

（2）设计成本。指为了产品、服务或生产过程的详细规划、设计而发生的成本。

（3）生产成本。指为了生产产品或提供服务而发生的成本。

（4）营销成本。指为了让人们了解、评估和购买产品而发生的成本。

（5）配送成本。指为将产品或服务递交给顾客而发生的成本。

（6）客户服务成本。指向客户提供售后服务的成本。

（7）行政管理成本。指企业为组织和管理企业生产经营活动所发生的成本。

在实务中，生产经营成本分为生产成本、销售费用和管理费用三大类：

（1）生产成本。包括四个成本项目，如表 6－2 所示。

表 6－2　生产成本的项目及内容

生产成本项目	具体内容
直接材料	直接用于产品生产、构成产品实体的原料及主要材料、外购半成品，有助于产品形成的辅助材料以及其他直接材料
直接人工	参加产品生产的工人工资以及按生产工人工资总额和规定的比例计算提取的职工福利费
燃料和动力	直接用于产品生产的外购和自制的燃料及动力费
制造费用	为生产产品和提供劳务所发生的各项间接费用

为了使生产成本项目能够反映企业生产的特点，满足成本管理的要求，制度允许企业根据自己的特点和管理要求，对以上项目做适当的增减调整。如果直接用于产品生产的外购半成品成本比重较大，可以将“外购半成品”单独列为一个成本项目；外部加工费比较多的产品，可以将“外部加工费”单独列为一个成本项目；如果产品成本中燃料和动力费所占比重很小，也

可以将其并入“制造费用”成本项目中。

(2)销售费用。包括营销成本、配送成本和客户服务成本。

(3)管理费用。包括研究与开发成本、设计成本和行政管理成本。

成本按经济用途的分类，反映了企业不同职能的耗费，也叫成本按职能的分类。这种分类有利于成本的计划、控制和考核。

(三)成本按转为费用的方式分类

为了贯彻配比原则，生产经营成本按其转为费用的不同方式分为产品成本和期间成本。

1. 成本转为费用的方式

费用是指应从营业收入中扣除的已耗用成本。企业发生的全部成本转为费用的方式(即与收入配比的方式)分为三类，如图6－1所示。

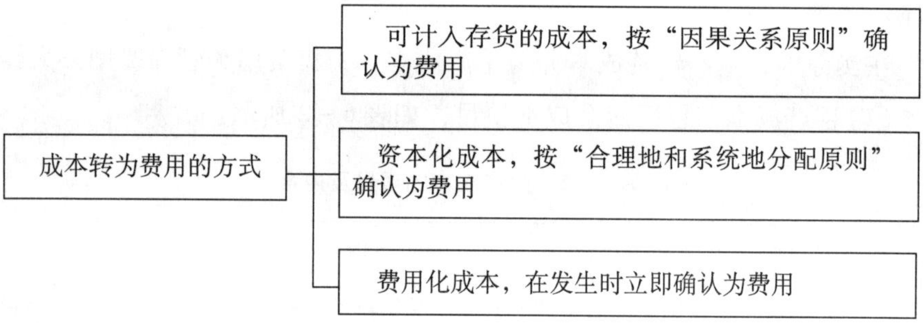

图6－1 成本转为费用的三种方式

(1)可计入存货的成本，按“因果关系原则”确认为费用。可计入存货的成本，是指在发生时先记为存货，在其出售时转为费用的成本。例如，生产耗用的材料成本、人工成本和制造费用，先记为产品成本，产品未出售前作为“资产”列入财务报表，产品出售时一次转为费用，从收入中扣减。

可计入存货的成本，是按照“因果关系原则”确认为费用的。本期销售成本与本期营业收入存在因果关系，因此要在确认产品销售收入时将有关的产品成本转为费用。

(2)资本化成本，按“合理地和系统地分配原则”确认为费用。资本化成本，是指先记录为资产，然后逐步分期转为费用的成本。例如，固定资产的购置支出，先记为固定资产成本，在财务报告中列为“资产”，该资产在使用年限内分期提取折旧，陆续转为费用。

资本化成本，是按照“合理地和系统地分配原则”确认为费用的。长期资产成本与本期收入没有因果关系，它们能使若干个会计期受益，因此应合理假定它和收入之间的受益关系，然后按一定规则和程序，系统地将其分配给各会计期。

(3)费用化成本，在发生时立即确认为费用。费用化成本，是指在成本发生的当期就转为费用的成本。例如，公司管理人员工资和广告费等，在发生时立即确认为当期费用。

费用化成本包括两种类型：一种是根据因果关系原则确认的费用，例如公司管理人员的工资，其效用在本期已经全部消失，应在本期确认为费用；另一种是不能按“因果关系”和“合理地系统地分配”原则确认的费用，例如广告成本，它可以为企业取得长期的效益，但很难确定哪一个会计期获得多少效益，因此不得不立即确认为费用。

2. 产品成本

产品成本，是指可计入存货价值的成本，包括按特定目的分配给一项产品的成本总和。

划分产品成本和期间成本，是为了贯彻配比原则。按照配比原则的要求，收入和为换取收入的费用要在同一会计期间确认。产品成本在产品出售前与当期收入不能配比，应按“存货”报告，是“可储存的成本”。只有产品出售时才能与当期收入配比，因此在出售时将其成本转为费用。

这里所说的“产品”是广义的，不仅指工业企业的产成品，还包括提供的劳务，实际上是指企业的产出物即最终的成本计算对象。

“分配”给产品的成本，可能是全部生产经营成本，也可能是其中的一部分。将哪些生产经营成本分配给产品，取决于成本计算的目的和对信息的利用方法。

对内报告使用的产品成本，其范围因目的而异。为短期决策和本量利分析计算的产品成本，仅包括生产成本中随产量变动的部分即变动制造成本；为政府订货(如军用品订货)确定价格计算的产品成本，不仅包括生产成本，还包括政府允许补偿的部分研究与开发成本和设计成本；为定价和选择产品线等决策计算的产品成本，应包括从研究与开发成本到行政管理成本的全部成本。因此，产品成本可以分为全部产品成本和部分产品成本两类。全部成本是指为取得一定的产出物所发生的全部成本的总和，部分成本是指仅就其中一部分进行归集和计算的成本。随着生产的发展和科学技术的进步，制造成本在全部成本中的比重越来越小，据统计资料显示目前平均比重已低于55%，有些高科技企业已低于10%。因此，制造成本法受到越来越多的批评。将非制造成本分配于产品的主要问题是：分配的合理性与经济性较差。由于作业成本法和计算机技术的发展，这个困难逐渐被克服，全部成本法正日益受到重视。

对外财务报告使用的产品成本内容，由统一的会计制度规定。我国过去的会计制度，曾规定工业企业的"企业管理费"和"销售费用"要分配给产品，是一种全部成本法。1993年改为目前的"制造成本法"，只将生产成本分配给产品，是一种"部分成本法"。

3．期间成本

期间成本，是指不计入产品成本的生产经营成本，包括除产品成本以外的一切生产经营成本。

期间成本不能经济合理地归属于特定产品，因此只能在发生当期立即转为费用，是"不可储存的成本"。正因为期间成本不可储存，在发生时就转为费用，因此也称之为"期间费用"。

无论是产品成本还是期间成本，都是生产经营的耗费，都必须从营业收入中减除，但它们减除的时间不同。期间成本直接从当期收入中减除，而产品成本要待产品销售时才能减除。

产品成本和期间成本的划分是相对的。所有生产经营成本，如果不列入产品成本，就必须列入期间成本。计入产品的成本范围越大，期间成本的范围就越小，反之亦然。

一般认为，财务费用不是生产经营活动的成本而属于筹资活动的成本。筹资成本包括借款利息和股利两部分，其中借款利息成本转为费用的方式有两种：一种是资本化借款成本，例如为购置固定资产所借款项的利息，应当计入固定资产的成本，将来在使用中陆续分期转为费用；另一种是费用化借款成本，例如生产经营所需的短期借款利息，在发生的当期作为费用处理，称为财务费用。也有人认为，为筹集生产经营资金而发生的借款利息，也可以作为生产经营成本的一部分看待，甚至主张应将其计入产品成本。还有人认为，权益资本的成本(股利)也应计入产品成本，才能准确计量企业的经营成果。不过，这些观点并未在国际范围内获得广泛认同。

产品成本和期间成本的区别和联系如表6-3所示。

表6-3　产品成本和期间成本的区别和联系

区别与联系	具体内容
二者的区别	产品成本是指可计入存货价值的成本，包括按特定目的分配给一项产品的成本总和。产品成本要待产品销售时才能减除
	期间成本是指不计入产品成本的生产经营成本，包括除产品成本以外的一切生产经营成本。期间成本直接从当期收入中减除
二者的联系	产品成本和期间成本的划分是相对的。无论是产品成本还是期间成本，都是生产经营的耗费，都必须从营业收入中减除。所有生产经营成本，如果不列入产品成本，就必须列入期间成本。计入产品的成本范围越大，期间成本的范围就越小，反之亦然

(四)成本按其计入成本对象的方式分类

产品成本按其计入成本对象的方式分为直接成本和间接成本，这种分类的目的是为了经济合理地把成本归属于不同的成本对象。

1. 成本对象

成本对象是指成本会计核算和监督的内容。成本对象可以是一件产品、一项服务、一项设计、一个客户、一种商标、一项作业或者一个部门等。

成本对象，可以分为中间成本对象和最终成本对象。最终成本对象是指累积的成本不能再进一步分配的成本归集点。最终成本计算对象通常是一件产品或一项服务，是企业的最终产出物。中间成本对象是指累积的成本还应进一步分配的归集点，有时也称成本中心。成本中心是企业中与成本相关联的某个可识别的部门，它们是将共同成本按某个分配基础进一步分配给成本对象之前的一个成本归集点，例如机械加工车间、维修车间、地区销售部等。设置多少中间对象以及中间对象之间的联系，取决于生产组织的特点和管理的要求。

2. 直接成本

直接成本是直接计入各品种、类别、批次产品等成本对象的成本。一种成本是否属于直接成本，取决于它与成本对象是否存在直接关系，并且是否便于直接计入。因此，直接成本也可以说是与成本对象直接相关的成本中可以用经济合理的方式追溯到成本对象的那一部分成本。例如大部分构成产品实体的原材料的成本、某产品专用生产线的工人工资等。对于只有一种产品的企业来说，所有产品成本都是直接成本。

所谓“与成本对象直接相关”，是说该成本与某一特定的成本对象存在直接关系，它们之间存在明显的因果关系或受益关系。

所谓“追溯”，是指在成本发生后，寻找引起成本发生的特定对象。例如，构成产品主要实体的某种材料成本，很容易找到被用于何种产品。

所谓“经济合理的方式追溯”，是说将某项成本直接分派给该对象是合乎逻辑的、有道理的，并且追溯到对象的代价不能过高，不得超过所能得到的好处。

3. 间接成本

间接成本是直接成本的反义词，是指与成本对象相关联的成本中不能用一种经济合理的方式追溯到成本对象的那一部分产品成本。例如，车间辅助工人的工资、厂房的折旧等大多属于间接成本。

所谓“不能用经济合理的方式追溯”有两种情况：一种是不能合理地追溯到成本对象，另一种是不能经济地追溯到成本对象。例如，总经理的工资很难分辨出每种产品应分担的数额，属于不能合理地追溯到成本对象；又如，润滑油的成本可以通过单独计量追溯到个别产品，但是单独计量的成本较高，而其本身数额不大，更准确地分配实际意义有限，不如将其列入间接制造费用，统一进行分配更经济。

一项成本是直接成本还是间接成本，要根据成本对象的选择而定。例如，一个企业设有一个维修车间和若干个按生产工艺划分的生产车间，生产若干种产品，它们都是需要单独计算成本的成本对象。维修车间的工人工资直接计入维修车间成本，随后维修成本要分配给各生产车间成本，生产车间成本还要分配给各种最终产品成本。此时，维修车间工人工资对于“维修车间成本”来说是直接成本，而对于“生产车间成本”和“最终产品成本”来说是间接成本。

三、产品成本计算的目的和要求

(一)产品成本计算的目的

产品成本计算的目的，可以概括为以下四个方面：

(1)改善决策。成本计算可以向管理当局提供许多重要信息，帮助他们作出较好的决策。如定价、自制和外购的选择、项目的评价等。

(2)有利于计划、控制和业绩评价。在预算编制过程中，可靠的成本信息是预算质量的保证。通过预算成本和实际成本的比较，分析差异，才能达到控制的目的。

(3)衡量资产和收益。编制财务报表要使用存货成本和已销产品信息，这些成本信息是股东、债权人和税务当局所需要的，它们必须按照会计准则或会计制度的要求来报告。

(4)确定应补偿的金额。有些销售价格以成本为定价基础，为了确定价格需要计算产品成本。例如，有的产品订货合同使用“产品加成价”；有些咨询费按成本节约额的一定比率收取；有些公用事业收费以成本增加为提价依据。

不同的目的，需要不同的成本信息。一个特定的成本计算系统，应尽可能同时满足多方面的需要。如果不能同时满足多种需要，就需要在账外提供补充的成本信息。

(二)产品成本计算的要求

为了正确计算产品成本，要分清以下费用界限：

1．正确划分应计入产品成本和不应计入产品成本的费用界限

企业的活动是多方面的，企业耗费和支出的用途也是多方面的，其中只有一部分费用可以计入产品成本。

首先，非生产经营活动的耗费不能计入产品成本。只有生产经营活动的成本才能计入产品成本。筹资活动和投资活动不属于生产经营活动，它们的耗费不能计入产品成本，而属于筹资成本和投资成本。

其次，生产经营活动的成本分为正常的成本和非正常的成本，只有正常的生产经营活动成本才能计入产品成本，非正常的经营活动成本不计入产品成本。非正常的经营活动成本包括灾害损失、盗窃损失等非常损失；滞纳金、违约金、罚款、损害赔偿等赔偿支出；短期投资跌价损失、坏账损失、存货跌价损失、长期投资减值损失、固定资产减值损失等不能预期的原因引起的资产减值损失以及债务重组损失等。

再次，正常的生产经营活动成本又被分为产品成本和期间成本。正常的生产成本计入产品成本，其他正常的生产经营成本列为期间成本。

2. 正确划分各会计期间成本的费用界限

应计入生产经营成本的费用，还应在各月之间进行划分，以便分月计算产品成本。应由本月产品负担的费用，应全部计入本月产品成本；不应由本月负担的生产经营费用，则不应计入本月的产品成本。

为了正确划分各会计期的费用界限，要求企业不能提前结账，将本月费用作为下月费用处理；也不能延后结账，将下月费用作为本月费用处理。

为了正确划分各会计期的费用界限，还要求贯彻权责发生制原则，正确核算待摊费用和预提费用。本月已经支付但应由以后各月负担的费用，应作为待摊费用处理。本月尚未支付，但应由本月负担的费用，应作为预提费用处理。

3. 正确划分不同成本对象的费用界限

对于应计入本月产品成本的费用还应在各种产品之间进行划分：凡是能分清应由某种产品负担的直接成本，应直接计入该产品成本；各种产品共同发生、不易分清应由哪种产品负担的间接费用，则应采用合理的方法分配计入有关产品的成本，并保持一贯性。

4. 正确划分完工产品和在产品成本的界限

月末计算产品成本时，如果某产品已经全部完工，则计入该产品的全部生产成本之和，就是该产品的“完工产品成本”。如果这种产品尚未完工，则计入该产品的生产成本之和，就是该产品的“月末在产品成本”。如果某种产品既有完工产品又有在产品，已计入该产品的生产成本还应在完工产品和在产品之间分配，以便分别确定完工产品成本和在产品成本。

四、产品成本计算的基本步骤

(一)成本计算的基本步骤

成本计算的基本步骤如图6－2所示。

(1)对所发生的成本进行审核，确定哪些成本是属于生产经营成本，同时将其区分为正常的生产经营成本和非正常的生产经营成本，并在此基础上将正常的生产经营成本区分为产品成本和期间成本。

(2)将应计入产品成本的各项成本，区分为应当计入本月的产品成本与应当由其他月份产品负担的成本，通过“待摊费用”和“预提费用”进行必要的调整。

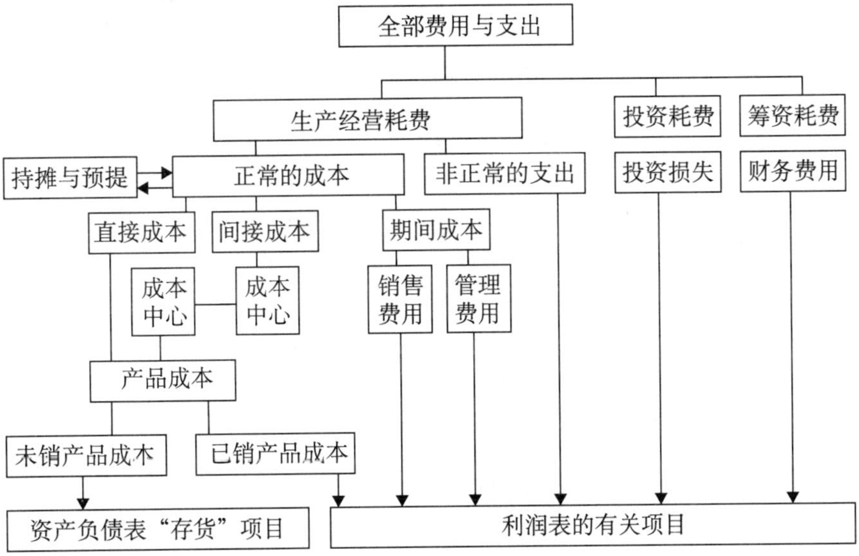

图6－2　成本计算的基本步骤

(3)将本月应计入产品成本的生产成本，区分为直接成本和间接成本，将直接成本直接计入成本计算对象，将间接成本计入有关的成本中心。

(4)将各成本中心的本月成本，依据成本分配基础向下一个成本中心分配，直至最终的成本计算对象。

(5)将既有完工产品又有在产品的产品成本，在完工产品和期末在产品之间进行分配，并计算出完工产品总成本和单位成本。

(6)将完工产品成本结转至“产成品”科目。

(7)结转期间费用至本期损溢。

(二)成本的归集和分配

成本计算的过程，实际上也是各项成本的归集和分配过程，如图6－3所示。

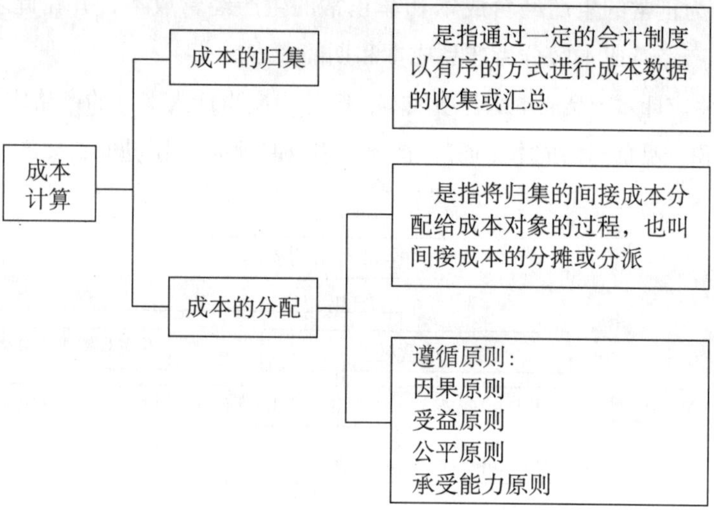

图6－3 成本计算的过程

成本的归集，是指通过一定的会计制度以有序的方式进行成本数据的收集或汇总。收集某类成本的聚集环节，称为成本归集点或成本集合。例如，制造费用是按车间归集的，所有间接制造费，包括折旧、间接材料、间接人工等都聚集在一起。以后分配时不再区分这些项目，而是统一地按一个分配基础分配给产品。

成本的分配，是指将归集的间接成本分配给成本对象的过程，也叫间接成本的分摊或分派。

成本分配要使用某种参数作为成本分配基础。成本分配基础是指能联系成本对象和成本的参数。可供选择的分配基础有：人工工时、机器台时、占用面积、直接人工工资、订货次数、采购价值、直接材料成本、直接材料数量等。

为了合理地选择分配基础，正确分配间接成本，需要遵循以下原则：

(1)因果原则：因果原则是说资源的使用导致成本发生，两者有因果关系，因此，应当按使用资源的数量在对象间分摊成本。按此原则要确定各对象使用资源的数量，例如耗用的材料、工时、机时等，按使用资源的数量比例分摊间接成本。

(2)受益原则：受益原则是说“谁受益多，谁多承担成本”，应按受益比例分摊间接成本。按此原则，经理人员要确定间接成本的受益者，例如房屋维修成本按各车间的面积分摊，广告费按各种产品的销售额分摊等。因果原则是看“起因”，受益原则是看“后果”，两者有区别。

(3)公平原则：公平原则是指成本分配要公平对待涉及的双方。在根据成本确定对外销售价格和内部转移价格时，合理的成本是合理价格的基础，因此计算成本时要对购销双方公平合理。公平是个抽象概念，不具有可操作性。因此，在实务中政府规范或有权威的标准成为公平性的具体尺度。

(4)承受能力原则：承受能力原则，是假定利润高的部门耗用的间接成本大，应按成本对象的承受能力分摊成本。例如，按部门的营业利润分配公司总部的费用，其依据是承受能力原则。

(三)成本计算使用的主要科目

为了按照用途归集各项成本，划清有关成本的界限，正确计算产品成本，应设置“生产成本”、“制造费用”、“待摊费用”、“预提费用”等科目。

各科目的主要内容如表6－4所示。

表6－4　成本计算使用的主要科目及内容

科目	内容
生产成本	该科目核算企业进行生产活动所发生的各项产品成本。包括生产各种产成品、自制半成品、提供劳务、自制材料、自制工具以及自制设备等所发生的各项成本
制造费用	该科目核算企业为生产产品和提供劳务而发生的各项间接费用

（续表）

科目	内容
待摊费用	该科目核算企业已经支付但应由本期和以后各期共同负担的、分摊期限在一年以内的各项费用
预提费用	该科目核算企业按照规定从成本、费用中预提但尚未实际支付的各项费用

1. 生产成本科目

“生产成本”科目应设置“基本生产成本”和“辅助生产成本”两个二级科目。“基本生产成本”二级科目核算企业为完成主要生产目的而进行的产品生产所发生的成本，计算基本生产的产品成本。“辅助生产成本”二级科目核算企业为基本生产服务而进行的产品生产和劳务供应所发生的直接成本，计算辅助生产的产品和劳务的成本。在这两个二级科目下，还应当按照成本计算对象开设明细账，账内按成本项目设专栏进行明细核算。

企业发生的直接材料和直接人工费用，直接记入本科目及“基本生产成本”和“辅助生产成本”两个二级科目及其所属明细账的借方；发生的其他间接成本先在“制造费用”科目归集，月终分配记入本科目及所属二级科目和明细账的借方；属于企业辅助生产车间为基本生产车间生产产品提供的动力等直接成本，先在本科目所属二级科目“辅助生产成本”中核算后，再分配转入本科目所属二级科目“基本生产成本”及其所属明细账的借方。企业已经生产完成并已验收入库的产成品以及自制半成品的实际成本，记入本科目及所属二级科目“基本生产成本”及其所属明细账的贷方；辅助生产车间为基本生产车间、企业管理部门和其他部门提供的劳务和产品，月终应按照一定的分配标准分配给各受益对象，按实际成本记入本科目及“辅助生产成本”二级科目及其所属明细账的贷方。本科目的借方期末余额反映尚未完成的各项在产品的成本。

2. 制造费用科目

“制造费用”科目核算企业为生产产品和提供劳务而发生的各项间接费用。该科目应按不同的车间、部门设置明细账，账内按制造费用的内容设专栏，进行明细核算。发生的各项间接费用记入本科目及所属明细账的借方；月终将制造费用分配到有关的成本计算对象时，记入本科目及所属明细账的贷方。本科目月末一般应无余额。

3. 待摊费用科目

“待摊费用”科目核算企业已经支付但应由本期和以后各期共同负担的、分摊期限在一年以内的各项费用，如低值易耗品摊销、出租出借包装物摊销、预付保险费、预付报纸杂志费等。该科目应按费用种类设置明细账进行明细核算。企业发生待摊费用时记入本科目及所属明细账的借方；分期摊销的费用记入本科目及所属明细账的贷方。本科目借方的期末余额表示尚未摊销的费用。

4. 预提费用科目

“预提费用”科目核算企业按照规定从成本、费用中预提但尚未实际支付的各项费用，如预提的租金、保险费、借款利息、修理费用等。该科目应按费用的种类设置明细账，进行明细核算。企业预提各项费用时，记入本科目及所属明细账的贷方；实际支付预提的各项费用时，记入本科目及所属明细账的借方。本科目的贷方期末余额表示已预提但尚未支付的费用。如果实际支付的预提费用数额大于已预提数额，则本科目会出现借方余额，应视同待摊费用处理，分期摊入有关的成本、费用账户中。

第二节　成本的归集和分配

成本计算的过程实际上是成本的归集和分配过程，生产经营成本通过多次的归集和分配，最终计算出产品总成本和单位成本。

一、生产费用的归集和分配

（一）材料费用的归集和分配

在企业的生产活动中，要大量消耗各种材料，如各种原料及主要材料、辅助材料及燃料。它们有的用于产品生产，有的用于维护生产设备和管理、组织生产，此外，还有的用于非工业生产等。其中，应计入产品成本的生产用料还应按照成本项目归集，如用于构成产品实体的原料及主要材料和有助于产品形成的辅助材料，列入“直接材料”项目；用于生产的燃料列入“燃料和动力”项目；用于维护生产设备和管理生产的各种材料列入“制造费用”项目。不应计入产品成本而属于期间费用的材料费用则应列入“管理费用”、“销售费用”科目。用于购置和建造固定资产、其他资产方面的材料费用，则不得列入产品成本，也不得列入期间费用。

1. 材料费用计入产品成本和期间费用的方法

用于产品生产的原料及主要材料，如纺织用的原棉、铸造用的生铁、冶炼用的矿石、造酒用的大麦、制皂用的油脂等，通常是按照产品分别领用的，属于直接费用，应根据领料凭证直接记入各种产品成本的“直接材料”项目。但是，有时一批材料为几批产品共同耗用。例如，某些化工生产的用料，属于间接费用，则要采用简便的分配方法，分配计入各种产品成本。在消耗定额比较准确的情况下，通常采用材料定额消耗量比例或材料定额成本的比例进行分配，计算公式如下：

$$\text{分配率}=\frac{\text{材料实际总消耗量(或实际成本)}}{\text{各种产品材料定额消耗量(或定额成本)之和}}$$

$$\frac{\text{某种产品应分配的}}{\text{材料数量(费用)}}=\frac{\text{该种产品的材料定额}}{\text{消耗量(或定额成本)}}\times\text{分配率}$$

【例6－1】领用某种原材料2 106千克，单价20元，原材料费用合计42 120元，生产甲产品400件，乙产品300件。甲产品消耗定额1.2千克，乙产品消耗定额1.1千克。分配结果如下：

$$\text{分配率}=\frac{42\ 120}{400\times1.2+300\times1.1}=\frac{42\ 120}{480+330}=52\text{。}$$

应分配的材料费用：

甲产品 $=480\times52=24\ 960$(元)；

乙产品 $=330\times52=17\ 160$(元)；

合计 $=24\ 960+17\ 160=42\ 120$(元)。

原料及主要材料费用除按以上方法分配外，还可以采用其他方法分配。例如，不同规格的同类产品，如果产品的结构大小相近，也可以按产量或重量比例分配。具体的计算可以比照上例进行。

辅助材料费用计入产品成本的方法，与原材料及主要材料基本相同。凡用于产品生产、能够直接计入产品成本的辅助材料，如专用包装材料等，其费用应根据领料凭证直接计入。但在很多情况下，辅助材料是由几种产品共同耗用的，这就要求采用间接分配的方法。

上述耗用的基本生产产品的材料费用，应记入“生产成本”科目及所属明细账的借方，在明细账中还要按“直接材料”、“燃料和动力”项目分别反映。此外，用于辅助生产的材料费用、用于生产车间和行政管理部门为管理和组织生产所发生的材料费用，应分别记入“生产成本——辅助生产成本”、“制造费用”、“管理费用”等科目及其明细账的借方。至于用于非生产用的材料费用，则应记入其他有关科目。

2. 材料费用分配表的编制

在实际工作中，材料费用的分配一般是通过“材料费用分配表”进行的。这种分配表应该按照材料的用途和材料类别，以及归类后的领料凭证编制。其格式内容举例如表 6－5 所示。

表 6－5　材料费用分配表

应借科目			共同耗用原材料的分配					直接领用的原材料（元）	耗用原材料总额（元）
总账及二级科目	明细科目	成本或费用项目	产量（件）	单位消耗定额（千克）	定额消耗用量（千克）	分配率	应分配材料费（元）		
生产成本——基本生产成本	甲产品	直接材料	400	1.2	480		24 960	30 040	55 000
	乙产品	直接材料	300	1.1	330		17 160	12 840	30 000
	小计				810	52	42 120	42 880	85 000
生产成本——辅助生产成本	供电车间	直接材料						1 200	1 200
	锅炉车间	直接材料						1 600	1 600
	小计							2 800	2 800
制造费用	基本车间	机物料消耗						2 500	2 500
管理费用		其他						2 700	2 700
合　计							42 120	50 880	93 000

根据“材料费用分配表”分配材料费用记入有关科目，其会计分录如下：

借：生产成本——基本生产成本　　85 000

　　　　　　——辅助生产成本　　2 800

　　制造费用——基本车间　　2 500

　　管理费用　　2 700

　　贷：原材料　　93 000

(二)人工费用的归集和分配

人工费用包括工资和福利费用。分配工资和福利费用，也要划清计入产品成本与期间费用以及不计入产品成本与期间费用的工资和福利费用的界限。其中应计入产品成本的工资和福利费用还应该按成本项目归集：凡属生产车间直接从事产品生产人员的工资费用，列入产品成本的“直接人工费”项目；企业各生产车间为组织和管理生产所发生的管理人员的工资和计提的福利费，列入产品成本的“制造费用”项目；企业行政管理人员的工资和计提的福利费，作为期间费用列入“管理费用”科目。

1. 直接从事产品生产人员的工资费用计入产品成本的方法

由于工资制度的不同，生产工人工资计入产品成本的方法也不同。在计件工资制下，生产工人工资通常是根据产量凭证计算工资并直接计入产品成本。在计时工资制下，如果只生产一种产品，生产人员工资属于直接费用，可直接计入该种产品成本；如果生产多种产品，这就要求采用一定的分配方法在各种产品之间进行分配。工资费用的分配，通常采用按产品实用工时比例分配的方法。其计算公式如下：

$$分配率=\frac{生产工人工资总额}{各种产品实用工时之和}$$

$$某种产品应分配的工资费用=该种产品实用工时\times分配率$$

按实用工时比例分配工资费用时，需要注意从工时上划清应计入与不应计入产品成本的工资费用界限。如生产工人为安装固定资产服务，那么这部分生产工时应该划分出来，所分配的费用应计入固定资产的价值，不得计入产品成本。

按照规定的工资总额的一定比例（目前制度规定14%）从产品成本中计提的职工福利费可与工资费用一起分配。

2．工资费用分配表的编制

为了按工资的用途和发生地点归集并分配工资及计提的福利费用，月末应分生产部门根据工资结算单和有关的生产工时记录编制“工资费用分配表”，然后汇编“工资及福利费用分配汇总表”。该表的格式内容举例如表6－6所示。

表6－6　工资及福利费用分配汇总表

单位：元

应借科目		工资				职工福利费（14%）	工资及福利费合计
总账及二级科目	明细科目	分配标准（工时）	直接生产人员（0.5）	管理人员工资	工资合计		
生产成本——基本生产成本	甲产品	56 000	28 000		28 000	3 920.00	31 920.00
	乙产品	32 000	16 000		16 000	2 240.00	18 240.00
	小计	88 000	44 000		44 000	6 160.00	50 160.00
生产成本——辅助生产成本	供电车间		17 520		17 520	2 452.80	19 972.80
	锅炉车间		12 000		12 000	1 680.00	13 680.00
	小计		29 520		29 520	4 132.80	33 652.80
制造费用	基本车间			600	600	84.00	684.00
	供电车间			350	350	49.00	399.00
	锅炉车间			320	320	44.80	364.80
	小计			1 270	1 270	177.80	1 447.80
管理费用				3 600	3 600	504.00	4 104.00
合　计					78 390	10 974.60	89 364.60

【例6-2】根据表6-6即可登记总账和有关的明细账，其会计分录如下：

(1)工资费用。

借：生产成本——基本生产成本	44 000	
——辅助生产成本	29 520	
制造费用——基本车间	600	
——供电车间	350	
——锅炉车间	320	
管理费用	3 600	
贷：应付工资		78 390

(2)提取的职工福利费。

借：生产成本——基本生产成本	6 160	
——辅助生产成本	4 132.8	
制造费用——基本车间	84	
——供电车间	49	
——锅炉车间	44.8	
管理费用	504	
贷：应付福利费		10 974.6

(三)外购动力费的归集和分配

企业发生的外购动力(如电力、蒸汽)，有的直接用于产品生产，有的用于照明、取暖等其他用途。动力费应按用途和使用部门分配，也可以按仪表记录、生产工时、定额消耗量比例进行分配。分配时，可编制“动力费用分配表”，据以进行明细核算和总分类核算。直接用于产品生产的动力费用，列入“燃料和动力费用”成本项目，记入“生产成本”科目及其明细账；属于照明、取暖等用途的动力费用，则按其使用部门分别记入“制造费用”、“管理费用”等科目。

如果企业设有供电车间这一辅助生产车间，则外购电费应先记入“生产成本——辅助生产成本”科目，再加上供电车间本身发生的工资等费用，作为辅助生产成本进行分配。

（四）制造费用的归集和分配

制造费用是指企业各生产单位为组织和管理生产而发生的各项间接费用。它包括工资和福利费、折旧费、修理费、办公费、水电费、机物料消耗、劳动保护费、租赁费、保险费、排污费、存货盘亏费（减盘盈）及其他制造费用。

企业发生的各项制造费用，是按其用途和发生地点，通过“制造费用”科目进行归集和分配的。根据管理的需要，“制造费用”科目可以按生产车间开设明细账，账内按照费用项目开设专栏，进行明细核算。费用发生时，根据支出凭证借记“制造费用”科目及其所属有关明细账，但材料、工资、折旧以及待摊和预提费用等，要在月末时，根据汇总编制的各种费用分配表记入。材料、产品等存货的盘盈、盘亏数，则应根据盘点报告表登记。归集在“制造费用”科目借方的各项费用，月末时应全部分配转入“生产成本”科目，计入产品成本。“制造费用”科目一般月末没有余额。

在生产一种产品的车间中，制造费用可直接计入其产品成本。在生产多种产品的车间中，就要采用既合理又简便的分配方法，将制造费用分配计入各种产品成本。

制造费用分配计入产品成本的方法，常用的有按生产工时、定额工时、机器工时、直接人工费等比例分配的方法。

在具有产品实用工时统计资料的车间里，可按生产工时的比例分配制造费用。如果企业没有实用工时统计资料，而制定有比较准确的产品工时定额，也可采用按产品定额工时的比例进行分配。在机械化程度较高的车间中，制造费用也可按机器工时比例分配。其计算公式如下：

$$\text{制造费用分配率}=\frac{\text{制造费用总额}}{\text{各种产品实用(定额、机器)工时之和}}$$

$$\text{某产品应负担的制造费用}=\text{该种产品实用工时数}\times\text{分配率}$$

会计分录如下：

借：生产成本

　　贷：制造费用

制造费用的大部分支出，属于产品生产的间接费用，因而不能按照产品制定额，而只能按照车间、部门和费用项目编制制造费用计划加以控制。通过制造费用的归集和分配，反映和监督各项费用计划的执行情况，并将其正确及时地计入产品成本。

【例6-3】假设某基本生产车间甲产品生产工时为56 000小时，乙产品生产工时为32 000小时，本月发生制造费用36 080元。要求在甲、乙产品之间分配制造费用，并编制会计分录。

$$制造费用分配率=\frac{36\ 080}{56\ 000+32\ 000}=0.41;$$

甲产品制造费用=56 000×0.41=22 960(元);

乙产品制造费用=32 000×0.41=13 120(元)。

按生产工时比例法编制“制造费用分配表”，如表6-7所示。

表6-7 制造费用分配表

单位：元

借方科目	生产工时(小时)	分配金额(分配率：0.41)
生产成本——基本生产成本		
——甲产品	56 000	22 960
——乙产品	32 000	13 120
合　计	88 000	36 080

编制会计分录如下：

借：生产成本——基本生产成本——甲产品　　22 960
　　　　　　　　　　　　　　——乙产品　　13 120
　贷：制造费用　　36 080

通过以上各种费用的分配和归集，应计入本月产品成本的各种产品的费用都已记入“生产成本——基本生产成本”科目的借方，并已在各种产品之间划分清楚，而且按成本项目分别登记在各自的产品成本计算单(基本生产成本明细账)中了。

（五）待摊费用和预提费用的分配

1. 待摊费用的分配

待摊费用是指本月发生，但应由本月及以后各月产品成本或期间费用共同负担的费用。这种费用发生以后，不是一次全部计入当月成本、费用，而是按照费用的受益期限摊入各月成本、费用。这样做是为了正确地划分各月份的费用界限，正确计算各月产品成本和期间费用。比如，预订半年书报刊物，就要由6个月的成本、费用平均负担。

待摊费用的分摊期限，要根据费用的受益期确定。有些费用的受益期是可以明确确定的，如预付租金、预订书报费、冬煤津贴等，都可以预先明确肯定具体的受益期。但有些费用的受益期不能明确肯定，如一次领用的工具模型，数量较大、费用较多，这时则应根据具体情况对受益期加以估计，分月摊销计入成本、费用。待摊费用一般要在一年内摊完。

待摊费用的发生和分配是通过“待摊费用”科目进行核算的。费用发生后，记入该科目的借方；按月摊销时，按其用途和使用部门从该科目的贷方转入“制造费用”和“管理费用”等科目的借方；余额在借方，表示尚未摊销的费用数额。该科目可按费用项目设置明细科目，分别反映各项费用的发生和摊销情况。

【例6－4】某企业基本生产车间5月份支付新增固定资产1年保险费用3 600元，分12个月摊销计入产品成本。会计分录如下：

借：待摊费用	3 600	
贷：银行存款		3 600

每月摊销的分录：

借：制造费用	300	
贷：待摊费用		300

2. 预提费用的分配

预提费用是指预先分月计入成本、费用，但由以后月份支付的费用。这样做也是为了正确地划分各月份的费用界限，正确计算各月产品成本或期间费用。比如，短期借款的利息是按季结算支付的，所以利息费用应由支付利息前的3个月的财务费用平均负担。预提费用的预提期限也应按其受益期确定。各月预先提取多少费用，有些能事先肯定，如利息支出；有些事先要制定费用预算，如固定资产大中小修理费，在各月费用支出不均衡，影响到各月成本、费用水平时，则应编制修理费用预算，分月计入产品成本或期间费用，实际发生的费用与预提的费用的差额，应计入费用支付期的产品成本或期间费用中。

预提费用的预提和支付，是通过“预提费用”科目进行核算的。预提时，记入该科目的贷方及“制造费用”、“管理费用”、“财务费用”等有关科目的借方；支付时，则记入该科目的借方和“银行存款”等科目的贷方；余额在贷方，表示尚未支付的预提费用数额。该科目应按预提费用项目设置明细科目，分别反映各项费用预提和支付情况。

【例6－5】某企业按银行借款数额和利率，计算出5月份应预提借款利息2 000元。会计分录如下：

借：财务费用	2 000	
贷：预提费用		2 000

3个月后，实际支付利息7 000元：

借：预提费用	6 000	
财务费用	1 000	
贷：银行存款		7 000

二、辅助生产费用的归集和分配

（一）辅助生产费用的归集

企业的辅助生产主要是为基本生产服务的。有的只生产一种产品或提供一种劳务，如供电、供气、运输等辅助生产；有的则生产多种产品或提供多种劳务，如从事工具、模型、备件的制造以及机器设备的修理等辅助生产。辅助生产提供的产品和劳务，有时也对外销售，但这不是辅助生产的主要目的。

辅助生产费用的归集和分配，是通过“生产成本——辅助生产成本”科目进行的。该科目应按车间和产品品种设置明细账，进行明细核算，辅助生产发生的直接材料、直接人工费用，分别根据“材料费用分配表”、“工资及福利费用分配汇总表”和有关凭证，记入该科目及其明细账的借方；辅助生产发生的间接费用，应先记入“制造费用”科目的借方进行归集，然后再从该科目的贷方直接转入或分配转入“生产成本——辅助生产成本”科目及其明细账的借方。辅助生产车间完工的产品或劳务成本，应从“生产成本——辅助生产成本”科目及其明细账的贷方转出。“生产成本——辅助生产成本”科目的借方余额表示辅助生产的在产品成本。

（二）辅助生产费用的分配

归集在“生产成本——辅助生产成本”科目及其明细账借方的辅助生产费用，由于所生产的产品和提供的劳务不同，其所发生的费用分配转出的程序方法也不一样。制造工具、模型、备件等产品所发生的费用，应计入完工工具、模型、备件等产品的成本。完工时，作为自制工具或材料入库，从“生产成本——辅助生产成本”科目及其明细账的贷方转入“低值易耗品”或“原材料”科目的借方；领用时，按其用途和使用部门，一次或分期摊入成本。提供水、电、气和运输、修理等劳务所发生的辅助生产费用，按受益单位耗用的劳务数量在各单位之间进行分配，分配时，借记“制造费用”或“管理费用”等科目，贷记“生产成本——辅助生产成本”科目及其明细账。在结算辅助生产明细账之前，还应将各辅助车间的制造费用分配转入各辅助生产明细账，归集辅助生产成本。

辅助生产提供的产品和劳务，主要是为基本生产车间和管理部门使用和服务的。但在某些辅助生产车间之间也有相互提供产品和劳务的情况。例如，锅炉车间为供电车间供气取暖，供电车间也为锅炉车间提供电力。这样，为了计算供气成本，就要确定供电成本；为了计算供电成本，又要确定供气成本。这里，就存在一个辅助生产费用在各辅助生产车间交互分配的问题。辅助生产费用的分配通常采用直接分配法、交互分配法和按计划成本分配法等。这里仅就直接分配法进行说明和举例。

采用直接分配法，不考虑辅助生产内部相互提供的劳务量，即不经过辅助生产费用的交互分配，直接将各辅助生产车间发生的费用分配给辅助生产以外的各个受益单位或产品。分配计算公式如下：

$$\text{辅助生产的单位成本} = \frac{\text{辅助生产费用总额}}{\text{辅助生产的产品或劳务总量(不包括对辅助生产各车间提供的产品或劳务量)}}$$

$$\text{各受益车间、产品或各部门应分配的费用} = \text{辅助生产的单位成本} \times \text{该车间、产品或部门的耗用量}$$

【例6-6】企业有锅炉和供电两个辅助生产车间，这两个车间的辅助生产明细账所归集的费用分别是：供电车间89 000元、锅炉车间21 000元；供电车间为生产甲乙产品、各车间管理部门和企业行政管理部门提供362 000度电，其中锅炉车间耗电6 000度；锅炉车间为生产甲乙产品、各车间及企业行政管理部门提供5 370吨热力蒸汽，其中供电车间耗用120吨。采用直接分配法分配此项费用，并编制“辅助生产费用分配表”，如表6-8所示。

根据辅助生产费用分配表编制会计分录，将锅炉车间及供电车间的费用分配记入有关科目及所属明细账。

表6-8 辅助生产费用分配表(直接分配法)

借方科目		生产成本——基本生产成本			制造费用	管理费用	合计
		甲产品	乙产品	小计	(基本车间)		
供电车间	耗用量(度)	220 000	130 000	350 000	4 200	1 800	356 000
	分配率(元/度)						(89 000/356 000)0.25
	金额(元)	55 000	32 500	87 500	1 050	450	89 000
锅炉车间	耗用量(度)	3 000	2 200	5 200	30	20	5 250
	分配率(元/度)						(21 000/5 250)4
	金额(元)	12 000	8 800	20 800	120	80	21 000
金额合计		67 000	41 300	108 300	1 170	530	110 000

借：生产成本——基本生产成本——甲产品	67 000
——乙产品	41 300
制造费用——基本车间	1 170
管理费用	530
贷：生产成本——辅助生产成本——供电车间	89 000
——锅炉车间	21 000

三、完工产品和在产品的成本分配

通过上述各项费用的归集和分配，基本生产车间在生产过程中发生的各项费用，已经集中反映在“生产成本——基本生产成本”科目及其明细账的借方，这些费用都是本月发生的产品的费用，并不是本月完工产成品的成本。要计算出本月产成品成本，还要将本月发生的生产费用，加上月初在产品成本，然后再将其在本月完工产品和月末在产品之间进行分配，以求得本月产成品成本。

本月发生的生产费用和月初、月末在产品及本月完工产成品成本四项费用的关系可用下列公式表达：

月初在产品成本 + 本月发生的生产费用 = 本月完工产品成本 + 月末在产品成本

或：

月初在产品成本 + 本月发生的生产费用 − 月末在产品成本 = 本月完工产品成本

由于公式中前两项是已知数，所以，在完工产品与月末在产品之间分配费用的方法有两类：一是将前两项之和按一定比例在后两项之间进行分配，从而求得完工产品与月末在产品的成本；二是先确定月末在产品成本，再计算求得完工产品的成本。但无论采用哪一类方法，都必须取得在产品数量的核算资料。

(一) 在产品收发结存的核算

企业的在产品是指没有完成全部生产过程、不能作为商品销售的在产品，包括正在车间加工中的在产品和已经完成一个或几个生产步骤但还需继续加工的半成品两部分。对外销售的自制半成品，属于商品产品，验收入库后不应列入在产品之内。以上在产品，是从广义的或者就整个企业来说的在产品。

从狭义的或者就某一车间或某一生产步骤来说，在产品只包括该车间或该生产步骤正在加工中的那部分在产品，车间或生产步骤完工的半成品不包括在内。

在产品结存的数量，同其他材料物资结存的数量一样，应同时具备账面核算资料和实际盘点资料。企业一方面要做好在产品收发结存的日常核算工作，另一方面要做好在产品的清查工作。做好这两项工作，既可以从账面上随时掌握在产品的动态，又可以清查在产品的实际数量。这不仅对正确计算产品成本、加强生产资金管理以及保护财产有着重要意义，而且对保证账实相符有着重要意义。

车间在产品收发结存的日常核算，通常是通过在产品收发结存账进行的。在实际工作中，这种账簿也叫做在产品台账，应分别车间并且按照产品的品种和在产品名称(如零、部件的名称)设立，以便用来反映车间各种在产品的转入、转出和结存的数量。各车间应认真做好在产品的计量、验收和交接工作，并在此基础上根据领料凭证、在产品内部转移凭证、产成品检验凭证和产品交库凭证，及时登记在产品收发结存账。该账簿由车间核算人员登记。

为了核实在产品的数量，保证在产品的安全完整，企业必须认真做好在产品的清查工作。在产品应定期进行清查，也可以不定期轮流清查。有的车间没有建立在产品的日常收发核算，则每月末都必须清查一次在产品，以便取得在产品的实际盘存资料。清查后，应根据盘点结果和账面资料编制在产品盘点表，填明在产品的账面数、实存数和盘存盈亏数，以及盈亏的原因和处理意见。对于报废和毁损的在产品，还要登记残值。

在产品发生盘盈时，应按盘盈在产品的成本(一般按计划成本计价)借记“生产成本”科目，并记入相应的生产成本明细账各成本项目，贷记“待处理财产损溢”科目。经过审批进行处理时，则借记“待处理财产损溢”科目，贷记“管理费用”等科目。

在产品发生盘亏和毁损时，应借记“待处理财产损溢”科目，贷记“生产成本”科目，并从相应的产品成本明细账各成本项目中转出，冲减在产品成本。毁损在产品的残值，应借记“原材料”科目，贷记“待处理财产损溢”科目，冲减损失。经过审批进行处理时，应根据不同的情况分别将损失从“待处理财产损溢”科目的贷方转入“管理费用”、“其他应收款”或“营业外支出”等有关科目的借方。

如果在产品的盘亏是由于没有办理领料或交接手续，或者由于某种产品的零件为另一种产品挪用，则应补办手续，及时转账更正。

(二)完工产品与在产品的成本分配方法

生产成本在完工产品与在产品之间的分配，在成本计算工作中是一个重要而又比较复杂的问题。企业应当根据在产品数量的多少、各月在产品数量变化的大小、各项费用比重的大小以及定额管理基础的好坏等具体条件，选择既合理又简便的分配方法。常用的方法有以下六种。

1. 不计算在产品成本(即在产品成本为零)

这种方法适用于月末在产品数量很小的情况。算不算在产品成本对完工产品成本影响不大，为了简化核算工作，可以不计算在产品成本，即在产品成本是零。本月发生的产品生产费用就是完工产品的成本。

2. 在产品成本按年初数固定计算

这种方法适用于月末在产品数量很小，或者在产品数量虽大但各月之间在产品数量变动不大，月初、月末在产品成本的差额对完工产品成本影响不大的情况。为简化核算工作，各月在产品成本可以固定按年初数计算。采用这种方法，某种产品本月发生的生产费用就是本月完工产品的成本。年终时，根据实地盘点的在产品数量，重新调整计算在产品成本，以避免在产品成本与实际出入过大，影响成本计算的正确性。

3. 在产品成本按其所耗用的原材料费用计算

这种方法是在产品成本按所耗用的原材料费用计算，其他费用全部由完工产品成本负担。这种方法适合于原材料费用在产品成本中所占比重较大，而且原材料是在生产开始时一次就全部投入的情况。为了简化核算工作，月末在产品可以只计算原材料费用，其他费用全部由完工产品负担。

4. 约当产量法

所谓约当产量，是指在产品按其完工程度折合成完工产品的产量。比如，在产品 10 件，平均完工 40%，则约当于完工产品 4 件。按约当产量比例分配的方法，就是将月末结存的在产品，按其完工程度折合成约当产量，然后再将产品应负担的全部生产费用，按完工产品产量和在产品约当产量的比例进行分配的一种方法。

这种方法的计算公式如下：

$$在产品约当产量=在产品数量\times完工程度$$

$$单位成本=\frac{月初在产品成本+本月发生生产费用}{产成品产量+月末在产品约当产量}$$

$$产成品成本=单位成本\times产成品产量$$

$$月末在产品成本=单位成本\times月末在产品约当产量$$

【例6-7】 某产品本月完工26件，在产品10件，平均完工程度为40%，发生生产费用共3 000元。分配结果如下：

分配率 $=\frac{3\,000}{26+10\times40\%}=100$（元/件）；

完工产品成本 $=26\times100=2\,600$（元）；

在产品成本 $=10\times40\%\times100=400$（元）。

采用这种方法，道理不难理解，问题在于在产品完工程度的确定比较复杂。一般是根据月末在产品的数量，用技术测定或其他方法，计算在产品的完工程度。例如，在具备产品工时定额的条件下，可按每道工序累计单位工时定额除以单位产品工时定额计算求得。因为存在于各工序内部的在产品加工程度不同，有的正在加工之中，有的已加工完毕，有的还尚未加工。为了简化核算，所以在计算各工序内在产品完工程度时，按平均完工50%计算。

【例6-8】 丙产品单位工时定额50小时，经两道工序制成。各工序单位工时定额为：第一道工序20小时，第二道工序30小时。在产品完工程度计算结果如下：

第一道工序：$\frac{20\times50\%}{50}\times100\%=20\%$；

第二道工序：$\frac{20+30\times50\%}{50}\times100\%=70\%$。

有了各工序在产品完工程度和各工序在产品盘存数量，即可求得在产品的约当产量。各工序产品的完工程度可事先制定，产品工时定额不变时可长期使用。如果各工序在产品数量和单位工时定额都相差不多，在产品的完工程度也可按 50% 计算。

应当指出，在很多加工生产中，原材料是在生产开始时一次投入的。这时，在产品无论完工程度如何，都应和完工产品同样负担材料费用。如果原材料是随着生产过程陆续投入的，则应按照各工序投入的材料费用在全部材料费用中所占的比例计算在产品的约当产量。

【例 6－9】 假如甲产品本月完工产品产量 600 件，在产品 100 件，完工程度按平均 50% 计算；原材料在开始时一次投入，其他费用按约当产量比例分配。甲产品本月月初在产品和本月耗用直接材料费用共计 70 700 元。直接人工费用 39 650 元，燃料动力费用 85 475 元，制造费用 29 250 元。

甲产品各项费用的分配计算如下。

因为材料是在生产开始时一次投入，所以按完工产品和在产品的数量作比例分配，不必计算约当产量。

(1) 直接材料费的计算：

完工产品负担的直接材料费 $=\dfrac{70\ 700}{600+100}\times 600=60\ 600$(元)；

在产品负担的直接材料费 $=\dfrac{70\ 700}{600+100}\times 100=10\ 100$(元)。

直接人工费用、燃料和动力费、制造费用均按约当产量作比例分配，在产品 100 件折合约当产量 50(100×50%)件。

(2) 直接人工费用的计算。

完工产品负担的直接人工费用 $=\dfrac{39\ 650}{600+50}\times 600=36\ 600$(元)；

在产品负担的直接人工费用 $=\dfrac{39\ 650}{600+50}\times 50=3\ 050$(元)。

(3)燃料和动力费的计算。

$$完工产品负担的燃料和动力费=\frac{85\ 475}{600+50}\times 600=78\ 900(元);$$

$$在产品负担的燃料和动力费=\frac{85\ 475}{600+50}\times 50=6\ 575(元)。$$

(4)制造费用的计算。

$$完工产品负担的制造费用=\frac{29\ 250}{600+50}\times 600=27\ 000(元);$$

$$在产品负担的制造费用=\frac{29\ 250}{600+50}\times 50=2\ 250(元)。$$

通过以上按约当产量法分配计算的结果，可以汇总甲产品完工产品成本和在产品成本。

甲产品本月完工产品成本=60 600+36 600+78 900+27 000=203 100(元);

甲产品本月末在产品成本=10 100+3 050+6 575+2 250=21 975(元)。

根据甲产品完工产品总成本编制完工产品入库的会计分录如下：

借：库有商品——甲　　203 100

　　贷：生产成本——基本生产成本　　203 100

5. 在产品成本按定额成本计算

这种方法是事先经过调查研究、技术测定或按定额资料，对各个加工阶段上的在产品，直接确定一个定额单位成本，月终根据在产品数量，分别乘以各项定额单位成本，即可计算出月末在产品的定额成本。将月初在产品成本加上本月发生费用，减去月末在产品的定额成本，就可算出产成品的总成本了。产成品总成本除以产成品产量，即为产成品单位成本。这种方法的计算公式如下：

$$月末在产品成本=月末在产品数量\times 在产品定额单位成本$$

$$产成品总成本=(月初在产品成本+本月发生费用)-月末在产品成本$$

$$产成品单位成本=\frac{产成品总成本}{产成品产量}$$

6. 按定额比例分配完工产品和月末在产品成本的方法(定额比例法)

如果各月末在产品数量变动较大，但制定了比较准确的消耗定额，生产费用可以在完工产品和月末在产品之间用定额消耗量或定额费用作比例分配。通常材料费用按定额消耗量比例分配，而其他费用按定额工时比例分配。

计算公式如下(以按定额成本比例分配为例)：

$$材料费用分配率=\frac{月初在产品实际材料成本+本月投入的实际材料成本}{完工产品定额材料成本+月末在产品定额材料成本}$$

$$完工产品应分配的材料成本=完工产品定额材料成本\times材料费用分配率$$

$$月末在产品应分配的材料成本=月末在产品定额材料成本\times材料费用分配率$$

$$工资(费用)分配率=\frac{\left(\begin{matrix}月初在产品\\实际工资(费用)\end{matrix}+\begin{matrix}本月投入的\\实际工资(费用)\end{matrix}\right)}{完工产品定额工时+月末在产品定额工时}$$

$$完工产品应分配的工资(费用)=完工产品定额工时\times工资(费用)分配率$$

$$月末在产品应分配的工资(费用)=月末在产品定额工时\times工资(费用)分配率$$

企业的完工产品包括产成品、自制材料及自制工具、模型等低值易耗品，以及为在建工程生产的专用设备和提供的修理劳务等。本月完工产品的成本应从“生产成本”科目的贷方转入有关科目：其中完工入库的产成品的成本，转入“产成品”科目的借方；完工自制材料、工具、模型等的成本，转入“原材料”等科目的借方；为企业在建工程提供的劳务费用，月末不论是否完工，都应将其实际成本转入“在建工程”科目的借方。“生产成本——基本生产成本”科目月末余额，就是基本生产车间在产品的成本。

四、联产品和副产品的成本分配

(一)联产品加工成本的分配

联产品，是指使用同种原料，经过同一生产过程同时生产出来的两种或两种以上的主要产品。如炼油厂，通常是投入原油后，经过某个加工过程，可以生产出汽油、轻柴油、重柴油和气体四种联产品。

在分离点以前发生的成本，称为联合成本。“分离点”是指在联产品生产中，投入相同原料，经过同一生产过程，分离为各种联产品的时点。分离后的联产品，有的可以直接销售，有的还需进一步加工，才可供销售。

联产品成本的计算，通常分为两个阶段进行：(1)联产品分离前发生的生产费用即联合成本，可按一个成本核算对象设置一个成本明细账进行归集，然后将其总额按一定分配方法(如售价法、实物数量法等)在各联产品之间进行分配；(2)分离后按各种产品分别设置明细账，归集其分离后所发生的加工成本。

1. 售价法

在售价法下，联合成本是以分离点上每种产品的销售价格为比例进行分配的。采用这种方法，要求每种产品在分离点时的销售价格能够可靠地计量。

如果联产品在分离点上即可供销售，则可采用销售价格进行分配。如果这些产品需要进一步加工后才可供销售，则需要对分离点上的销售价格进行估计。此外，也可采用可变现净值进行分配。

【例6-10】 某公司生产联产品A和B。1月份发生加工成本500万元。A和B在分离点上的销售价格总额为3 000万元，其中A产品的销售价格总额为1 800万元，B产品的销售价格总额为1 200万元。

采用售价法分配联合成本：

A产品成本 $=\frac{1\ 800}{3\ 000}\times 500=300$(万元)；

B产品成本 $=\frac{1\ 200}{3\ 000}\times 500=200$(万元)。

2. 实物数量法

采用实物数量法时，联合成本是以产品的实物数量为基础分配的。这里的“实物数量”可以是数量、重量。实物数量法通常适用于所生产产品的价格很不稳定或无法直接确定的情况。

$$单位数量(或重量)成本=\frac{联合成本}{各联产品的总数量(或总重量)}$$

【例 6-11】资料同【例 6-10】，假定 A 产品为 560 件，B 产品为 440 件。

采用实物数量法分配联合成本：

$$A产品成本=\frac{500}{560+440}\times 560=280(万元);$$

$$B产品成本=\frac{500}{560+440}\times 440=220(万元)。$$

（二）副产品加工成本的分配

副产品，是指在同一生产过程中，使用同种原料，在生产主要产品的同时附带生产出来的非主要产品。它的产量取决于主产品的产量，随主产品产量的变动而变动，如甘油是生产肥皂这个主产品时的副产品。由于副产品价值相对较低，而且在全部产品生产中所占的比重较小，因而可以采用简化的方法确定其成本，然后从总成本中扣除，其余额就是主产品的成本。比如副产品可以按预先规定的固定单价确定成本。

在分配主产品和副产品的加工成本时，通常先确定副产品的加工成本，然后确定主产品的加工成本。

第三节　产品成本计算的品种法

生产成本归集分配完毕后，应按成本计算对象编制成本计算单，并选择一定的成本计算方法，计算各种产品的总成本和单位成本。企业可以根据生产经营特点、生产经营组织类型和成本管理要求，具体确定成本计算方法。成本计算的基本方法有品种法、分批法和分步法三种。

产品成本计算的品种法，是指以产品品种为成本计算对象，计算成本的一种方法。它适用于大量大批的单步骤生产的企业。在这种类型的生产中，产品的生产技术过程不能从技术上划分为步骤(如企业或车间的规模较小，或者车间是封闭式的，也就是从原材料投入到产品产出的全部生产过程都是在一个车间内进行的)，或者生产是按流水线组织的，管理上不要求按照生产步骤计算产品成本，都可以按品种法计算产品成本。

一、品种法的基本特点

(1)成本计算对象是产品品种。如果企业只生产一种产品，全部生产费用都是直接费用，可直接记入该产品成本明细账的有关成本项目中，不存在在各成本计算对象之间分配费用的问题。如果是生产多种产品，间接费用则要采用适当的方法，在各成本计算对象之间进行分配。

(2)品种法下一般定期(每月月末)计算产品成本。

(3)如果企业月末有在产品，要将生产费用在完工产品和在产品之间进行分配。

二、品种法举例

按照产品的品种计算成本，是成本管理对于成本计算的最一般的要求，成本计算的一般程序也就是品种法的成本计算程序如图6-4所示。

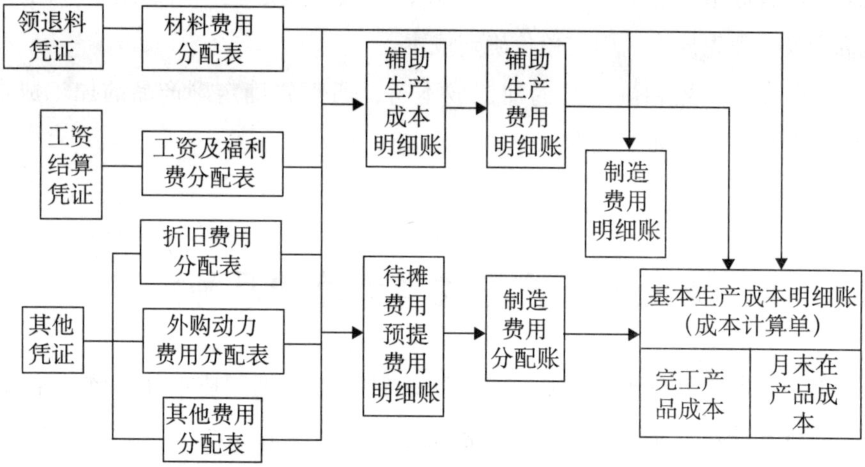

图6-4 品种法的成本计算程序

各种成本计算方法除了成本计算单的开设和计算方法有所不同以外，其他核算程序基本相同。本章第二节所讲的成本计算的基本步骤中，所举的**【例6-1】**就是按照品种法的主要计算程序来说明的，现将其所列举的各种费用的归集和分配的数字按品种法的要求显示在甲、乙两种产品的成本计算单中，如表6-9和表6-10所示。

表 6－9　产品成本计算单

产品名称：甲产品　　　　2012 年 5 月　　　　产成品数量：600 件

成本项目	月初在产品成本	本月生产费用	生产费用合计	产成品成本		月末在产品成本
				总成本	单位成本	
直接材料费	15 700	55 000	70 700	60 600	101.00	10 100
直接人工费	7 730	31 920	39 650	36 600	61.00	3 050
燃料和动力费	18 475	67 000	85 475	78 900	131.50	6 575
制造费用	6 290	22 960	29 250	27 000	45.00	2 250
合　　计	48 195	176 880	225 075	203 100	338.50	21 975

表 6－10　产品成本计算单

产品名称：乙产品　　　　2012 年 5 月　　　　产成品数量：500 件

成本项目	月初在产品成本	本月生产费用	生产费用合计	产成品成本		月末在产品成本
				总成本	单位成本	
直接材料费	9 468	30 000	39 468	29 900	59.80	9 568
直接人工费	2 544	18 240	20 784	17 320	34.64	3 464
燃料和动力费	8 020	41 300	49 320	41 100	82.20	8 220
制造费用	1 292	13 120	14 412	12 010	24.02	2 402
合　　计	21 324	102 660	123 984	100 330	200.66	23 654

根据上列成本计算单（亦称基本生产成本明细账）编制完工产品入库的会计分录如下：

借：产成品——甲产品　　　　203 100
　　　　　——乙产品　　　　100 330
　贷：生产成本——基本生产成本——甲产品　　　　203 100
　　　　　　　　　　　　　　——乙产品　　　　100 330

第四节　产品成本计算的分批法

产品成本计算的分批法，是按照产品批别计算产品成本的一种方法。它主要适用于单件小批类型的生产，如造船业、重型机器制造业等；也可用于一般企业中的新产品试制或试验的生产、在建工程以及设备修理作业等。

一、分批法的基本特点

(1)成本计算对象是产品的批别。由于产品的批别大多是根据销货订单确定的，因此，这种方法又称为订单法。

(2)分批法下，产品成本的计算是与生产任务通知单的签发和结束紧密配合的，因此产品成本计算是不定期的。成本计算期与产品生产周期基本一致，而与核算报告期不一致。

(3)在分批法下，由于成本计算期与产品的生产周期基本一致，因而在计算月末产品成本时，一般不存在完工产品与在产品之间分配费用的问题。

二、分批法举例

下面，以小批生产的某企业的产品成本计算为例，说明产品成本计算的分批法。

某企业按照购货单位的要求，小批生产某些产品，采用分批法计算产品成本。该厂 4 月份投产甲产品 10 件，批号为 401，5 月份全部完工；5 月份投产乙产品 60 件，批号为 501，当月完工 40 件，并已交货，还有 20 件尚未完工。401 批和 501 批产品成本计算单如表 6 – 11 和表 6 – 12 所示。各种费用的归集和分配过程省略。

表 6－11　产品成本计算单

批号：401　　产品名称：甲产品　　开工日期：4 月 15 日

委托单位：东方公司　　批量：10 件　　完工日期：5 月 20 日

项　目	直接材料费	直接人工费	制造费用	合计
4 月末余额	12 000	900	3 400	16 300
5 月发生费用：				
据材料费用分配表	4 600			4 600
据工资费用分配表		1 700		1 700
据制造费用分配表			8 000	8 000
合计	16 600	2 600	11 400	30 600
结转产成品	16 600	2 600	11 400	30 600
单位成本	1 660	260	1 140	3 060

表 6－12　产品成本计算单

批号：501　　产品名称：乙产品　　开工日期：5 月 5 日

委托单位：佳丽公司　　批量：60 件　　完工日期：

项　目	直接材料费	直接人工费	制造费用	合　计
5 月发生费用：				
据材料费用分配表	18 000			18 000
据工资费用分配表		1 650		1 650
据制造费用分配表			4 800	4 800
合计	18 000	1 650	4 800	24 450
结转产成品(40)件成本	12 000	1 320	3 840	17 160
单位成本	300	33	96	429
月末在产品成本	6 000	330	960	7 290

上例中，401 批产品 5 月份全部完工，所以发生的产品生产费用合计即为完工产品总成本。501 批产品月末部分完工，而且完工产品数量占总指标的比重较大，应采用适当的方法将产品生产费用在完工产品与在产品之间

进行分配。本例由于原材料费用在生产开始时一次投入，所以原材料费用按完工产品和在产品的实际数量作比例分配，而其他费用则按约当产量法进行分配。

(1)材料费用按完工产品产量和在产品数量作比例分配。

产成品应负担的材料费用 $=\frac{18\ 000}{40+20}\times 40=12\ 000$(元)；

在产品应负担的材料费用 $=\frac{18\ 000}{40+20}\times 20=6\ 000$(元)。

(2)其他费用按约当产量比例分配。

① 计算501批乙产品在产品约当产量，如表6－13所示。

表6－13　乙产品约当产量计算表

工　序	完工程度	在产品(件)		完工产品(件)	产量合计(件)
	①	②	③＝①×②	④	⑤＝③×④
1	15%	4	0.6		
2	25%	4	1		
3	70%	12	8.4		
合　计	—	20	10	40	50

② 直接人工费用按约当产量法分配。

产成品应负担的直接人工费用 $=\frac{1\ 650}{40+10}\times 40=1\ 320$(元)；

在产品应负担的直接人工费用 $=\frac{1\ 650}{40+10}\times 10=330$(元)。

③ 制造费用按约当产量法分配。

产成品应负担的制造费用 $=\frac{4\ 800}{40+10}\times 40=3\ 840$(元)；

在产品应负担的制造费用 $=\frac{4\ 800}{40+10}\times 10=960$(元)。

将各项费用分配结果记入501批乙产品成本计算单(表6－12)中，即可计算出乙产品的产成品成本和月末在产品成本。

第五节 产品成本计算的分步法

产品成本计算的分步法是按照产品的生产步骤计算产品成本的一种方法。它适用于大量大批的多步骤生产，如纺织、冶金、大量大批的机械制造企业。在这类企业中，产品生产可以分为若干个生产步骤的成本管理，往往不仅要求按照产品品种计算成本，而且还要求按照生产步骤计算成本，以便为考核和分析各种产品及各生产步骤的成本计划的执行情况提供资料。

在实际工作中，根据成本管理对各生产步骤成本资料的不同要求（是否要求计算半成品成本）和简化核算的要求，各生产步骤成本的计算和结转一般采用逐步结转和平行结转两种方法，称为逐步结转分步法和平行结转分步法。

一、逐步结转分步法

逐步结转分步法是按照产品加工的顺序，逐步计算并结转半成品成本，直到最后加工步骤才能计算产成品成本的一种方法。它是按照产品加工顺序先计算第一个加工步骤的半成品成本，然后结转给第二个加工步骤，这时，第二步骤把第一步骤转来的半成品成本加上本步骤耗用的材料和加工费用，即可求得第二个加工步骤的半成品成本，如此顺序逐步转移累计，直到最后一个加工步骤才能计算出产成品成本。逐步结转分步法就是为了分步计算半成品成本而采用的一种分步法，也称计算半成品成本分步法。

（一）逐步结转分步法的特点

逐步结转分步法在完工产品与在产品之间分配费用，是指各步骤完工产品与在产品之间的分配。其优点是能提供各个生产步骤的半成品成本资料；为各生产步骤的在产品实物管理及资金管理提供资料；能够全面地反映各生产步骤的生产耗费水平，更好地满足各生产步骤成本管理的要求。缺点是成本结转工作量较大，各生产步骤的半成品成本如果采用逐步综合结转方法，还要进行成本还原，增加核算的工作量。

这种方法适用于大量大批连续式复杂生产的企业。这种企业，有的不仅将产成品作为商品对外销售，而且生产步骤所产半成品也经常作为商品对外销售。例如，钢铁厂的生铁、钢锭，纺织厂的棉纱等，都需要计算半成品的成本。

逐步结转分步法按照成本在下一步骤成本计算单中的反映方式，还可以分为综合结转和分项结转两种方法。这里仅就综合结转加以介绍。

（二）逐步综合结转分步法举例

综合结转法，是指上一步骤转入下一步骤的半成品成本，以“直接材料”或专设的“半成品”项目综合列入下一步骤的成本计算单中。如果半成品通过半成品库收发，由于各月所生产的半成品的单位成本不同，因而所耗半成品的单位成本可以如同材料核算一样，采用先进先出或加权平均等方法计算。综合结转可以按照半成品的实际成本结转，也可以按照半成品的计划成本结转，这里仅就按实际成本综合结转进行举例说明。

假定甲产品生产分两步在两个车间内进行，第一车间为第二车间提供半成品，半成品收发通过半成品库进行。两个车间的月末在产品均按定额成本计价。成本计算程序如下：

（1）根据各种费用分配表、半成品产量月报和第一车间在产品定额成本资料（这些费用的归集分配同品种法一样，故过程均省略，下同）登记甲产品第一车间（半成品）成本计算单，如表6－14所示。

表6－14　甲产品（半成品）成本计算单

第一车间　　2012年5月　　单位：元

项目	产量（件）	直接材料费	直接人工费	制造费用	合计
月初在产品成本（定额成本）		61 000	7 000	5 400	73 400
本月生产费用		89 500	12 500	12 500	114 500
合计		150 500	19 500	17 900	187 900
完工半成品转出	800	120 000	16 000	15 200	151 200
月末在产品定额成本		30 500	3 500	2 700	36 700

根据第一车间甲产品（半成品）成本计算单（表6－14）和半成品入库单，编制会计分录如下：

借：自制半成品　　151 200

　　贷：生产成本——基本生产成本——第一车间（甲）　　151 200

（2）根据第一车间甲产品（半成品）成本计算单、半成品入库单，以及第二车间领用半成品的领用单，登记半成品明细账，如表6－15所示。

表6－15　半成品明细账

月份	月初余额		本月增加		合计			本月减少	
	数量	实际成本	数量	实际成本	数量	实际成本	单位成本	数量	实际成本
5	300	55 600	800	151 200	1 100	206 800	188	900	169 200
6	200	37 600							

根据半成品明细账所列半成品单位成本资料和第二车间半成品领用单，编制会计分录如下：

借：生产成本——基本生产成本——第二车间（甲）　　169 200

　　贷：自制半成品　　169 200

（3）根据各种费用分配表、半成品领用单、产成品产量月报，以及第二车间在产品定额成本资料，登记第二车间（产成品）成本计算单，如表6－16所示。

表6－16　甲产品（产成品）成本计算单

第二车间　　2012年5月　　单位：元

项目	产量（件）	直接材料费	直接人工费	制造费用	合计
月初在产品（定额成本）		37 400	1 000	1 100	39 500
本月费用		169 200	19 850	31 450	220 500
合计		206 600	20 850	32 550	260 000
产成品转出	500	189 000	19 500	30 000	238 500
单位成本		378	39	60	477
月末在产品（定额成本）		17 600	1 350	2 550	21 500

根据第二车间甲产品（产成品）成本计算单和产成品入库单编制会计分录如下：

借：产成品　　238 500

　贷：生产成本——基本生产成本——第二车间（甲）　　238 500

二、平行结转分步法

平行结转分步法是指在计算各步骤成本时，不计算各步骤所产半成品成本，也不计算各步骤所耗上一步骤的半成品成本，而只计算本步骤发生的各项其他费用，以及这些费用中应计入产成品成本的份额，将相同产品的各步骤成本明细账中的这些份额平行结转、汇总，即可计算出该种产品的产成品成本。这种结转各步骤成本的方法，称为平行结转分步法，也称不计算半成品成本分步法。

（一）平行结转分步法的基本特点

采用平行结转分步法的成本计算对象是各种产成品及其经过的各生产步骤中的成本份额，而各步骤的产品生产费用并不伴随着半成品实物的转移而结转，其成本结转程序如图 6－5 所示。

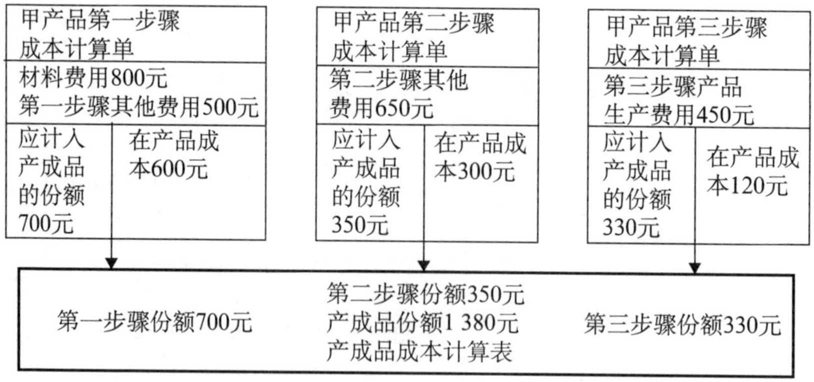

图 6－5　平行结转分步法的成本结转程序

从图 6－5 可以看出，各生产步骤不计算本步骤的半成品成本，尽管半成品的实物转入下一生产步骤继续加工，但其成本并不结转到下一生产步骤的成本计算单中去，只是在产品最后完工入产成品库时，才将各步骤费用中应由完工产成品负担的份额，从各步骤成本计算单中转出，平行汇总计算产成品的成本。

采用平行结转分步法，每一生产步骤的生产费用也要在其完工产品与月末在产品之间进行分配。但这里的完工产品是指企业最后完工的产成品，这里的在产品是指各步骤尚未加工完成的在产品和各步骤已完工但尚未最终完成的产品。

这种方法的优点是：各步骤可以同时计算产品成本，平行汇总计入产成品成本，不必逐步结转半成品成本；能够直接提供按原始成本项目反映的产成品成本资料，不必进行成本还原，因而能够简化和加速成本计算工作。缺点是：不能提供各个步骤的半成品成本资料；在产品的费用在产品最后完成以前，不随实物转出而转出，即不按其所在的地点登记，而按其发生的地点登记，因而不能为各个生产步骤在产品的实物和资金管理提供资料；各生产步骤的产品成本不包括所耗半成品费用，因而不能全面地反映各该步骤产品的生产耗费水平（第一步骤除外），不能更好地满足这些步骤成本管理的要求。

（二）平行结转分步法举例

某企业生产甲产品，生产分两步骤在两个车间内进行，第一车间为第二车间提供半成品，第二车间加工为产成品。各种生产费用归集与分配过程省略，数字在各成本计算单中列示。产成品和月末在产品之间分配费用的方法采用定额比例法；材料费用按定额材料费用比例分配，其他费用按定额工时比例分配。

（1）定额材料，如表6－17所示。假如该厂月末没有盘点在产品，月末在产品的定额资料，要根据月初在产品定额资料加本月投产的定额资料减去产成品的定额资料计算求出。

表 6－17 甲产品定额资料

单位：元

生产步骤	月初在产品		本月投入		产成品				
					单件定额		产量（件）	总定额	
	材料费用	工时	材料费用	工时	材料费用	工时		材料费用	工时
第一车间份额	67 650	2 700	98 450	6 300	293	14	500	146 500	7 000
第二车间份额		2 400		9 600	—	20	500	—	10 000
合　计	67 650	5 100	98 450	15 900	—	34		146 500	17 000

（2）根据定额资料、各种费用分配表和产成品产量月报，登记第一、第二车间成本计算单，如表 6－18 和表 6－19 所示。

表 6－18 甲产品成本计算单

第一车间　　2012 年 5 月　　单位：元

项目	产成品产量（件）	直接材料费		定额工时	直接人工费用	制造费用	合计
		定额	实际				
月初在产品		67 650	61 651	2 700	7 120	10 000	78 771
本月生产费用		98 450	89 500	6 300	12 500	12 500	114 500
合　计		166 100	151 151	9 000	19 620	22 500	193 271
分配率			0. 91		2. 18	2. 50	
产成品中本步骤份额	500	146 500	133 315	7 000	15 260	17 500	166 075
月末在产品		19 600	17 836	2 000	4 360	5 000	27 196

表 6－19　甲产品成本计算单

第二车间　　2012 年 5 月　　单位：元

项目	产成品产量(件)	直接材料费		定额工时	直接人工费用	制造费用	合计
		定额	实际				
月初在产品				2 400	8 590	8 150	16 740
本月生产费用				9 600	19 850	31 450	51 300
合计				12 000	28 440	39 600	68 040
分配率					2. 37	3. 30	
产成品中本步骤份额	500			10 000	23 700	33 000	56 700
月末在产品				2 000	4 740	6 600	11 340

(3)根据第一、第二车间成本计算单，平行汇总产成品成本，如表 6－20 所示。

表 6－20　甲产品成本汇总计算表

2012 年 5 月　　单位：元

生产车间	产成品数量(件)	直接材料费用	直接人工费用	制造费用	合计
一车间		133 315	15 260	17 500	166 075
二车间			23 700	33 000	56 700
合计	500	133 315	38 960	50 500	222 775
单位成本		266. 63	77. 92	101	445. 55

第七章　与存货相关的内部控制

第一节　销售与收款循环内部控制

一、涉及的主要凭证和会计记录

在内部控制比较健全的企业，处理销售与收款业务通常需要使用很多凭证和会计记录。典型的销售与收款循环所涉及的主要凭证和会计记录有以下几种。

(一) 顾客订货单

顾客订货单即顾客提出的书面购货要求。企业可以通过销售人员或其他途径，如采用电信函和向现有的及潜在的顾客发送订货单等方式接受订货，取得顾客订货单。

(二) 销售单

销售单是列示顾客所订商品的名称、规格、数量以及其他与顾客订货单有关信息的凭证，作为销售方内部处理顾客订货单的依据。

(三) 发运凭证

发运凭证即在发运货物时编制的，用以反映发出商品的规格、数量和其他有关内容的凭据。发运凭证的一联寄送给顾客，其余联(一联或数联)由企业保留。这种凭证可用做向顾客开具账单的依据。

(四) 销售发票

销售发票是一种用来表明已销售商品的规格、数量、价格、销售金额、运费和保险费、开票日期、付款条件等内容的凭证。销售发票的一联寄送给顾客，其余联由企业保留。销售发票也是在会计账簿中登记销售交易的基本凭证。

（五）商品价目表

商品价目表是列示已经授权批准的、可供销售的各种商品的价格清单。

（六）贷项通知单

贷项通知单是一种用来表示由于销售退回或经批准的折让而引起的应收销货款减少的凭证。这种凭证的格式通常与销售发票的格式相同，只不过它不是用来证明应收账款的增加，而是用来证明应收账款的减少。

（七）应收账款明细账

应收账款明细账是用来记录每个顾客各项赊销、还款、销售退回及折让的明细账。各应收账款明细账的余额合计数应与应收账款总账的余额相等。

（八）主营业务收入明细账

主营业务收入明细账是一种用来记录销售交易的明细账。它通常记载和反映不同类别产品或劳务的销售总额。

（九）折扣与折让明细账

折扣与折让明细账是一种用来核算企业销售商品时，按销售合同规定为了及早收回货款而给予顾客的销售折扣和因商品品种、质量等原因而给予顾客的销售折让情况的明细账。当然。企业也可以不设置折扣与折让明细账，而将该类业务记录于主营业务收入明细账。

（十）汇款通知书

汇款通知书是一种与销售发票一起寄给顾客。由顾客在付款时再寄回销售单位的凭证。这种凭证注明顾客的姓名、销售发票号码、销售单位开户银行账号以及金额等内容。如果顾客没有将汇款通知书随同货款一并寄回，一般应由收受邮件的人员在开拆邮件时再代编一份汇款通知书。采用汇款通知书能使现金立即存入银行，可以改善资产保管的控制。

（十一）库存现金日记账和银行存款日记账

库存现金日记账和银行存款日记账是用来记录应收账款的收回或现销收入以及其他各种现金、银行存款收入和支出的日记账。

（十二）坏账审批表

坏账审批表是一种用来批准将某些应收款项注销为坏账的，仅在企业内部使用的凭证。

（十三）顾客月末对账单

顾客月末对账单是一种按月定期寄送给顾客的用于购销双方定期核对账目的凭证。顾客月末对账单上应注明应收账款的月初余额、本月各项销售交易的金额、本月已收到的货款、各贷项通知单的数额以及月末余额等内容。

（十四）转账凭证

转账凭证是指记录转账业务的记账凭证，它是根据有关转账业务（即不涉及现金、银行存款收付的各项业务）的原始凭证编制的。

（十五）收款凭证

收款凭证是指用来记录现金和银行存款收入业务的记账凭证。

二、涉及的主要业务活动

了解企业在销售与收款循环中的典型活动，对该业务循环的审计非常必要。这里，我们简单地介绍一下销售与收款循环所涉及的主要业务活动。

（一）接受顾客订单

顾客提出订货要求是整个销售与收款循环的起点。从法律上讲，这是购买某种货物或接受某种劳务的一项申请。顾客的订单只有在符合企业管理层的授权标准时，才能被接受。管理层一般都列出了已批准销售的顾客名单。销售单管理部门在决定是否同意接受某顾客的订单时，应追查该顾客是否被列入这张名单。如果该顾客未被列入，则通常需要由销售单管理部门的主管来决定是否同意销售。

很多企业在批准了顾客订单之后，下一步就应编制一式多联的销售单。销售单是证明管理层有关销售交易的“发生”认定的凭据之一，也是此笔销售的交易轨迹的起点。

（二）批准赊销信用

对于赊销业务，赊销批准是由信用管理部门根据管理层的赊销政策在每个顾客的已授权的信用额度内进行的。信用管理部门的职员在收到销售单管理部门的销售单后，应将销售单与该顾客已被授权的赊销信用额度以及至今尚欠的账款余额加以比较。执行人工赊销信用检查时还应合理划分工作职责，以切实避免销售人员为扩大销售而使企业承受不适当的信用风险。

企业应对每个新顾客进行信用调查，包括获取信用评审机构对顾客信用等级的评定报告。无论批准赊销与否，都要求被授权的信用管理部门人员在销售单上签署意见，然后再将已签署意见的销售单送回销售单管理部门。

设计信用批准控制的目的是为了降低坏账风险，因此，这些控制与应收账款账面余额的“计价和分摊”认定有关。

（三）按销售单供货

企业管理层通常要求商品仓库只有在收到经过批准的销售单时才能供货。设立这项控制程序的目的是为了防止仓库在未经授权的情况下擅自发货。因此，已批准销售单的一联通常应送达仓库，作为仓库按销售单供货和发货给装运部门的授权依据。

（四）按销售单装运货物

将按经批准的销售单供货与按销售单装运货物职责相分离，有助于避免负责装运货物的职员在未经授权的情况下装运产品。此外，装运部门职员在装运之前，还必须进行独立验证，以确定从仓库提取的商品都附有经批准的销售单，并且，所提取商品的内容与销售单一致。

装运凭证是指一式多联的、连续编号的提货单，可由电脑或人工编制。按序归档的装运凭证通常由装运部门保管。装运凭证提供了商品确实已装运的证据，因此，它是证实销售交易“发生”认定的另一种形式的凭据。而定期检查以确定在编制每张装运凭证后均已附有相应的销售发票，则有助于保证销售交易“完整性”认定的正确性。

（五）向顾客开具账单

开具账单包括编制和向顾客寄送事先连续编号的销售发票，这项功能所针对的主要问题是：(1)是否对所有装运的货物都开具了账单(即“完整性”认定问题)；(2)是否只对实际装运的货物才开具账单，有无重复开具账单或虚构交易(即“发生”认定问题)；(3)是否按已授权批准的商品价目表所列价格计价开具账单(即“准确性”认定问题)。

为了降低开具账单过程中出现遗漏、重复、错误计价或其他差错的风险，应设立以下的控制程序：

(1)开具账单部门职员在编制每张销售发票之前，独立检查是否存在装运凭证和相应的经批准的销售单。

(2)依据已授权批准的商品价目表编制销售发票。

(3)独立检查销售发票计价和计算的正确性。

(4)将装运凭证上的商品总数与相对应的销售发票上的商品总数进行比较。

上述的控制程序有助于确保用于记录销售交易的销售发票的正确性。因此，这些控制与销售交易的“发生”、“完整性”以及“准确性”认定有关。销售发票副联通常由开具账单部门保管。

(六)记录销售

在手工会计系统中，记录销售的过程包括区分赊销、现销。按销售发票编制转账记账凭证或现金、银行存款收款凭证，再据以登记销售明细账和应收账款明细账或库存现金、银行存款日记账。

记录销售的控制程序包括以下内容：

(1)只依据附有有效装运凭证和销售单的销售发票记录销售。这些装运凭证和销售单应能证明销售交易的发生及其发生的日期。

(2)控制所有事先连续编号的销售发票。

(3)独立检查已处理销售发票上的销售金额同会计记录金额的一致性。

(4)记录销售的职责应与处理销售交易的其他功能相分离。

(5)对记录过程中所涉及的有关记录的接触予以限制，以减少未经授权批准的记录发生。

(6)定期独立检查应收账款的明细账与总账的一致性。

(7)定期向顾客寄送对账单，并要求顾客将任何例外情况直接向指定的未执行或记录销售交易的会计主管报告。

以上这些控制与“发生”、“完整性”、“准确性”以及“计价和分摊”认定有关。

对这项职能，注册会计师主要关心的问题是销售发票是否记录正确，并归属适当的会计期间。

（七）办理和记录现金、银行存款收入

这项功能涉及的是有关货款收回，现金、银行存款增加以及应收账款减少的活动。在办理和记录现金、银行存款收入时，最应关心的是货币资金失窃的可能性。货币资金失窃可能发生在货币资金收入登记入账之前或登记入账之后。处理货币资金收入时最重要的是要保证全部货币资金都必须如数、及时地记入库存现金、银行存款日记账或应收账款明细账，并如数、及时地将现金存入银行。在这方面，汇款通知单起着很重要的作用。

（八）办理和记录销售退回、销售折扣与折让

顾客如果对商品不满意，销售企业一般都会同意接受退货，或给予一定的销售折让；顾客如果提前支付货款，销售企业则可能会给予一定的销售折扣。发生此类事项时，必须经授权批准并应确保办理此事有关的部门和职员各司其职，分别控制实物流和会计处理。在这方面，严格使用贷项通知单无疑会起到关键的作用。

（九）注销坏账

不管赊销部门的工作如何主动，顾客因宣告破产、死亡等原因而不支付货款的事仍时有发生。销售企业若认为某项货款再也无法收回，就必须注销这笔货款。对这些坏账，正确的处理方法应该是获取货款无法收回的确凿证据，经适当审批后及时作会计调整。

（十）提取坏账准备

坏账准备提取的数额必须能够抵补企业以后无法收回的销货款。

三、销售交易的内部控制和控制测试

（一）适当的职责分离

适当的职责分离有助于防止各种有意或无意的错误。例如，主营业务收入账如果是由记录应收账款账之外的职员独立登记，并由另一位不负责账簿记录的职员定期调节总账和明细账，就构成了一项自动交互牵制；规

定负责主营业务收入和应收账款记账的职员不得经手货币资金，也是防止舞弊的一项重要控制。另外，销售人员通常有一种乐观地对待销售数量的自然倾向，而不问它是否将以巨额坏账损失为代价，赊销的审批则在一定程度上可以抑制这种倾向。因此，赊销批准职能与销售职能的分离，也是一种理想的控制。

财政部于2002年12月23日发布的财会[2002]21号《内部会计控制规范——销售与收款(试行)》中规定，单位应当将办理销售、发货、收款三项业务的部门(或岗位)分别设立；单位在销售合同订立前，应当指定专门人员就销售价格、信用政策、发货及收款方式等具体事项与客户进行谈判。谈判人员至少应有两人以上，并与订立合同的人员相分离；编制销售发票通知单的人员与开具销售发票的人员应相互分离；销售人员应当避免接触销货现款；单位应收票据的取得和贴现必须经由保管票据以外的主管人员的书面批准。这些都是对单位提出的、有关销售与收款业务相关职责适当分离的基本要求，以确保办理销售与收款业务的不相容岗位相互分离、制约和监督。

(二)正确的授权审批

对于授权审批问题，注册会计师应当关注以下四个关键点上的审批程序：其一，在销售发生之前，赊销已经正确审批；其二；非经正当审批，不得发出货物；其三，销售价格、销售条件、运费、折扣等必须经过审批；其四，审批人应当根据销售与收款授权批准制度的规定，在授权范围内进行审批，不得超越审批权限。对于超过单位既定销售政策和信用政策规定范围的特殊销售交易，单位应当进行集体决策。前两项控制的目的，在于防止企业因向虚构的或者无力支付货款的顾客发货而蒙受损失；价格审批控制的目的，在于保证销售交易按照企业定价政策规定的价格开票收款；对授权审批范围设定权限的目的，则在于防止因审批人决策失误而造成严重损失。

(三)充分的凭证和记录

每个企业交易的产生、处理和记录等制度都有其特点，因此，也许很难评价其各项控制是否足以发挥最大的作用。然而，只有具备充分的记录手续，才有可能实现其他各项控制目标。例如，有的企业在收到顾客订货单后，就立即编制一份预先编号的一式多联的销售单，分别用于批准赊销、审批发货、记录发货数量以及向顾客开具账单等。在这种制度下，只要定期清点销售发票，漏开账单的情形几乎就不太会发生。相反的情况是，有的企业只在发货以后才开具账单，如果没有其他控制措施，这种制度下漏开账单的情况就很可能会发生。

（四）凭证的预先编号

对凭证预先进行编号，旨在防止销售以后忘记向顾客开具账单或登记入账，也可防止重复开具账单或重复记账。当然，如果对凭证的编号不作清点，预先编号就会失去其控制意义。由收款员对每笔销售开具账单后，将发运凭证按顺序归档，而由另一位职员定期检查全部凭证的编号，并调查凭证缺号的原因，就是实施这项控制的一种方法。

对这种控制常用的一种控制测试程序是清点各种凭证。比如从主营业务收入明细账中选取样本，追查至相应的销售发票存根，看其编号是否连续，有无不正常的缺号发票和重号发票。这种测试程序可同时提供有关真实性和完整性目标的证据。

（五）按月寄出对账单

由不负责现金出纳和销售及应收账款记账的人员按月向顾客寄发对账单，能促使顾客在发现应付账款余额不正确后及时反馈有关信息，因而这是一项有用的控制。为了使这项控制更加有效，最好将账户余额中出现的所有核对不符的账项，指定一位不掌管货币资金也不记载主营业务收入和应收账款账目的主管人员处理。

注册会计师观察指定人员寄送对账单和检查顾客复函档案，对于测试被审计单位是否按月向顾客寄出对账单，是十分有效的控制测试。

（六）内部核查程序

由内部审计人员或其他独立人员核查销售交易的处理和记录，是实现内部控制目标所不可缺少的一项控制措施。内部核查程序的介绍如表 7－1 所示。

表 7-1 内部核查程序

内部控制目标	内部核查程序举例
登记入账的销售交易是真实的	检查销售发票的连续性并检查所附的佐证凭证
销售交易均经适当审批	了解顾客的信用情况确定是否符合企业的赊销政策
所有销售交易均已登记入账	检查发运凭证的连续性并将其与主营业务收入明细账核对
登记入账的销售交易均经正确估价	将销售发票上的数量与发运凭证上的记录进行比较核对
登记入账的销售交易分类恰当	将登记入账的销售交易的原始凭证与会计科目表比较核对
销售交易的记录及时	检查开票员所保管的未开票发运凭征，确定是否包括所有应开票的发运凭证在内
销售交易已经正确地记入明细账并经正确汇总	从发运凭证追查至主营业务收入明细账和总账

财政部发布的《内部会计控制规范——销售与收款(试行)》中，不仅明确了单位应当建立对销售与收款内部控制的监督检查制度，单位监督检查机构或人员应通过实施控制测试和实质性程序检查销售与收款业务内部控制制度是否健全，各项规定是否得到有效执行，而且明确了销售与收款内部控制监督检查的主要内容，包括以下几点。

(1)销售与收款业务相关岗位及人员的设置情况。重点检查是否存在销售与收款业务不相容职务混岗的现象。

(2)销售与收款业务授权批准制度的执行情况。重点检查授权批准手续是否健全，是否存在越权审批行为。

(3)销售的管理情况。重点检查信用政策、销售政策的执行是否符合规定。

(4)收款的管理情况。重点检查单位销售收入是否及时入账，应收账款的催收是否有效，坏账核销和应收票据的管理是否符合规定。

(5)销售退回的管理情况。重点检查销售退回手续是否齐全，退回货物是否及时入库。

在确定了被审计单位的内部控制中可能存在的薄弱环节，并且对其控制风险做出评价后，注册会计师应当判断继续实施控制测试的成本是否会低于因此而减少对交易、账户余额的实质性程序所需的成本。如果被审计单位的相关内部控制不存在，或被审计单位的相关内部控制未得到有效执行，则注册会计师不应再继续实施控制测试，而应直接实施实质性程序。

这说明，作为进一步审计程序的类型之二，控制测试并非在任何情况下都需要实施。但当存在下列情形之一时，注册会计师应当实施控制测试：(1)在评估认定层次重大错报风险时，预期控制的运行是有效的；(2)仅实施实质性程序不足以提供认定层次充分、适当的审计证据。

第二节　采购与付款循环内部控制

一、涉及的主要凭证和会计记录

采购与付款交易通常要经过“请购—订货—验收—付款”这样的程序，与销售与收款交易一样，在内部控制比较健全的企业，处理采购与付款业务通常需要使用很多凭证和会计记录。典型的采购与付款循环所涉及的主要凭证和会计记录有以下几种，如表7－2所示。

表7－2　采购与预付款循环所涉及的主要凭证和会计记录

种类	主要内容
请购单	请购单是由产品制造、资产使用等部门的有关人员填写，送交采购部门，申请购买商品、劳务或其他资产的书面凭证
订购单	订购单是由采购部门填写，向另一企业购买订购单上所指定商品、劳务或其他资产的书面凭证
验收单	验收单是收到商品、资产时所编制的凭证，列示从供应商处收到的商品、资产的种类和数量等内容

（续表）

种类	主要内容
卖方发票	卖方发票是供应商开具的，交给买方以载明发运的货物或提供的劳务、应付款金额和付款条件等事项的凭证
付款凭单	付款凭单是采购方企业的应付凭单部门编制的，载明已收到商品、资产或接受劳务的厂商、应付款金额和付款日期的凭证。付款凭单是采购方企业内部记录和支付负债的授权证明文件
转账凭证	转账凭证是指记录转账交易的记账凭证，它是根据有关转账业务（即不涉及库存现金、银行存款收付的各项业务）的原始凭证编制的
付款凭证	付款凭证是指用来记录库存现金和银行存款支出业务的记账凭证，包括现金付款凭证和银行存款付款凭证
应付账款明细账	略
库存现金日记账和银行存款日记账	略
卖方对账单	卖方对账单是由供货方按月编制的，标明期初余额、本期购买、本期支付给卖方的款项和期末余额的凭证。卖方对账单是供货方对有关交易的陈述，如果不考虑买卖双方在收发货物上可能存在的时间差等因素，其期末余额通常应与采购方相应的应付账款期末余额一致

二、涉及的主要业务活动。

在一个企业，如可能的话，应将各项职能活动指派给不同的部门或职员来完成。这样，每个部门或职员都可以独立检查其他部门和职员工作的正确性。下面以采购商品为例，分别阐述采购与付款循环所涉及的主要业务活动及其适当的控制程序和相关的认定。

商品采购与付款业务循环的简易流程图如图 7－1 所示。

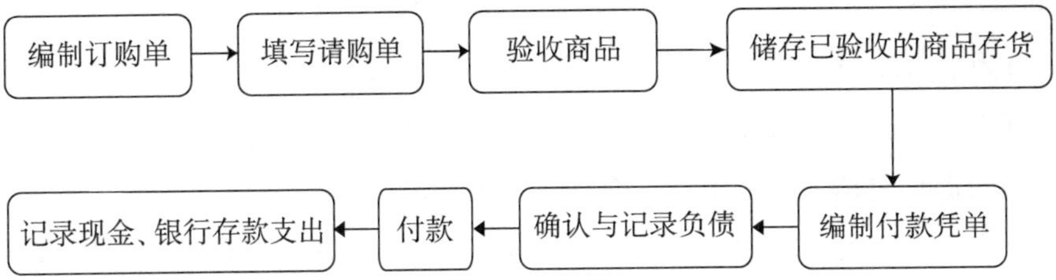

图7－1　商品采购与付款业务循环流程图

（一）请购商品和劳务

仓库负责对需要购买的已列入存货清单的项目填写请购单，其他部门也可以对所需要购买的未列入存货清单的项目编制请购单。大多数企业对正常经营所需的物资的购买均作一般授权，比如，仓库在现有库存达到再订购点时就可直接提出采购申请，其他部门也可为正常的维修工作和类似工作直接申请采购有关物品。但对资本支出和租赁合同，企业政策则通常要求作特别授权，只允许指定人员提出请购。请购单可由手工或计算机编制。由于企业内不少部门都可以填列请购单，不便事先编号，为加强控制，每张请购单必须经过对这类支出预算负责的主管人员签字批准。

请购单是证明有关采购交易的"发生"认定的凭据之一，也是采购交易轨迹的起点。

（二）编制订购单

采购部门在收到请购单后，只能对经过批准的请购单发出订购单。对每张订购单，采购部门应确定最佳的供应来源。对一些大额、重要的采购项目，应采取竞价方式来确定供应商，以保证供货的质量、及时性和成本的低廉。

订购单应正确填写所需要的商品品名、数量、价格、厂商名称和地址等，预先予以编号并经过被授权的采购人员签名。其正联应送交供应商，副联则送至企业内部的验收部门、应付凭单部门和编制请购单的部门。随后，应独立检查订购单的处理，以确定是否确实收到商品并正确入账。这项检查与采购交易的"完整性"认定有关。

（三）验收商品

有效的订购单代表企业已授权验收部门接受供应商发运来的商品。验收部门首先应比较所收商品与订购单上的要求是否相符，如商品的品名、规格、数量、到货时间等，然后再盘点商品并检查商品有无损坏。

验收后，验收部门应对已收货的每张订购单编制一式多联、预先编号的验收单，作为验收和检验商品的依据。验收人员将商品送交仓库或其他请购部门时，应取得经过签字的收据，或要求其在验收单的副联上签收，以确立他们所采购的资产应负的保管责任。验收人员还应将其中的一联验收单送交应付凭单部门。

验收单是支持资产或费用以及与采购有关的负债的“存在或发生”认定的重要凭证。定期独立检查验收单的顺序以确定每笔采购交易都已编制凭单，这与采购交易的“完整性”认定有关。

（四）储存已验收的商品存货

将已验收商品的保管与采购的其他职责相分离，可减少未经授权的采购和盗用商品的风险。存放商品的仓储区应相对独立，限制无关人员接近。这些控制与商品的“存在”认定有关。

（五）编制付款凭单

记录采购交易之前，应付凭单部门应编制付款凭单。这项功能的控制包括：

（1）确定供应商发票的内容与相关的验收单、订购单的一致性。

（2）确定供应商发票计算的正确性。

（3）编制有预先编号的付款凭单，并附上支持性凭证（如订购单、验收单和供应商发票等）。这些支持性凭证的种类，因交易对象的不同而不同。

（4）独立检查付款凭单计算的正确性。

（5）在付款凭单上填入应借记的资产或费用账户名称。

（6）由被授权人员在凭单上签字，以示批准照此凭单要求付款。所有未付凭单的copy联应保存在未付凭单档案中，以待日后付款。经适当批准和有预先编号的凭单为记录采购交易提供了依据，因此，这些控制与“存在”、“发生”、“完整性”、“权利和义务”和“计价和分摊”等认定有关。

（六）确认与记录负债

正确确认已验收货物和已接受劳务的债务，要求准确、及时地记录负债。该记录对企业财务报表反映和企业实际现金支出有重大影响。因此，必须特别注意，按正确的数额记载企业确实已发生的购货和接受劳务事项。

应付账款确认与记录相关部门一般有责任核查购置的财产，并在应付凭单登记簿或应付账款明细账中加以记录。在收到供应商发票时，应付账款部门应将发票上所记载的品名、规格、价格、数量、条件及运费与订货单上的有关资料核对，如有可能，还应与验收单上的资料进行比较。

应付账款确认与记录的一项重要控制是要求记录现金支出的人员不得经手现金、有价证券和其他资产。恰当的凭证、记录与恰当的记账手续，对业绩的独立考核和应付账款职能而言是必不可少的控制。

在手工系统下，应将已批准的未付款凭单送达会计部门，据以编制有关记账凭证和登记有关账簿。会计主管应监督为采购交易而编制的记账凭证中账户分类的适当性；通过定期核对编制记账凭证的日期与凭单副联的日期，监督入账的及时性。而独立检查会计人员则应核对所记录的凭单总数与应付凭单部门送来的每日凭单汇总表是否一致，并定期独立检查应付账款总账余额与应付凭单部门未付款凭单档案中的总金额是否一致。

（七）付款

通常是由应付凭单部门负责确定未付凭单在到期日付款。企业有多种款项结算方式，以支票结算方式为例，编制和签署支票的有关控制包括：

（1）独立检查已签发支票的总额与所处理的付款凭单的总额的一致性。

（2）应由被授权的财务部门的人员负责签署支票。

（3）被授权签署支票的人员应确定每张支票都附有一张已经适当批准的未付款凭单，并确定支票收款人姓名和金额与凭单内容的一致。

（4）支票一经签署就应在其凭单和支持性凭证上用加盖印戳或打洞等方式将其注销，以免重复付款。

（5）支票签署人不应签发无记名甚至空白的支票。

（6）支票应预先连续编号，保证支出支票存根的完整性和作废支票处理的恰当性。

(7)应确保只有被授权的人员才能接近未经使用的空白支票。

(八)记录现金、银行存款支出

仍以支票结算方式为例，在手工系统下，会计部门应根据已签发的支票编制付款记账凭证，并据以登记银行存款日记账及其他相关账簿。以记录银行存款支出为例，有关控制包括：

(1)会计主管应独立检查记入银行存款日记账和应付账款明细账的金额的一致性，以及与支票汇总记录的一致性。

(2)通过定期比较银行存款日记账记录的日期与支票副本的日期，独立检查入账的及时性。

(3)独立编制银行存款余额调节表。

三、内部控制

采购交易的内部控制目标和内部控制内容如表7－3所示。

表7－3　采购交易的控制目标和内部控制内容

内部控制目标	内部控制内容
所记录的采购都已收到物品或已接受劳务，并符合购货方的最大利益(存在)	请购单、订货单、验收单和卖方发票一应俱全，并附在付款凭单后； 购货按正确的级别批准； 注销凭证以防止重要使用； 对卖方发票、验收单、订货单和请购单作内部核查
已发生的采购业务均已记录(完整性)	订货单均经事先编号并已登记入账； 验收单均经事先编号并已登记入账； 卖方发票均经事先编号并已登记入账(不一定)
所记录的采购业务估价正确(准确性、计价和分摊)	计算和金额的内部查核； 控制采购价格和折扣的批准
采购业务的分类正确(分类)	采用适当的会计科目表； 分类的内部核查

（续表）

内部控制目标	内部控制内容
采购业务按正确的日期记录（截止）	要求一收到商品或接受劳务就记录购货业务； 内部核查
采购业务被正确记入应付账款和存货等明细账中，并被准确汇总（准确性、计价和分摊）	应付账款明细账内容的内部查核

（一）适当的职责分离

如前所述，适当的职责分离有助于防止各种有意或无意的错误。同销售与收款交易一样，采购与付款交易也需要适当的职责分离。财政部于2002年12月23日发布的财会[2002]21号《内部会计控制规范——采购与付款（试行）》中规定，单位应当建立采购与付款业务的岗位责任制，明确相关部门和岗位的职责、权限，确保办理采购与付款业务的不相容岗位相互分离、制约和监督。采购与付款业务不相容岗位至少包括：请购与审批；询价与确定供应商；采购合同的订立与审批；采购与验收；采购、验收与相关会计记录；付款审批与付款执行。这些都是对单位提出的、有关采购与付款业务相关职责适当分离的基本要求，以确保办理采购与付款业务的不相容岗位相互分离、制约和监督。

（二）内部核查程序

财政部发布的《内部会计控制规范——采购与付款（试行）》中。不仅明确了单位应当建立对采购与付款内部控制的监督检查制度，单位监督检查机构或人员应通过实施内控测试和实质性程序检查采购与付款业务内部控制制度是否健全、各项规定是否得到有效执行，而且明确了采购与付款内部控制监督检查的主要内容，包括以下几点。

（1）采购与付款业务相关岗位及人员的设置情况。重点检查是否存在采购与付款业务不相容职务混岗的现象。

（2）采购与付款业务授权批准制度的执行情况。重点检查大宗采购与付款业务的授权批准手续是否健全，是否存在越权审批的行为。

(3)应付账款和预付账款的管理。重点审查应付账款和预付账款支付的正确性、时效性和合法性。

(4)有关单据、凭证和文件的使用和保管情况。重点检查凭证的登记、领用、传递、保管、注销手续是否健全，使用和保管制度是否存在漏洞。

四、付款交易的内部控制

采购与付款循环包括采购和付款两个方面。在内部控制健全的企业，与采购相关的付款交易同样有其内部控制目标和内部控制，注册会计师应针对每个具体的内部控制目标确定关键的内部控制，并对此实施相应的控制测试和交易的实质性程序。付款交易中，控制测试的性质取决于内部控制的性质。而付款交易的实质性程序的实施范围，在一定程度上取决于关键控制是否存在以及控制测试的结果。由于采购和付款交易同属一个交易循环，联系紧密，因此，对付款交易的部分测试可与测试采购交易一并实施。当然，另外一些付款交易测试仍需单独实施。

需要指出的是，对于每个企业而言，由于性质、所处行业、规模以及内部控制健全程度等不同，而使得其与付款交易相关的内部控制内容可能有所不同，但财政部发布的《内部会计控制规范——采购与付款(试行)》中规定的以下与付款交易相关的内部控制内容是应当共同遵循的。

(1)单位应当按照《现金管理暂行条例》、《支付结算办法》和《内部会计控制规范——货币资金(试行)》等规定办理采购付款业务。

(2)单位财会部门在办理付款业务时，应当对采购发票、结算凭证、验收证明等相关凭证的真实性、完整性、合法性及合规性进行严格审核。

(3)单位应当建立预付账款和定金的授权批准制度，加强预付账款和定金的管理。

(4)单位应当加强应付账款和应付票据的管理，由专人按照约定的付款日期、折扣条件等管理应付款项。已到期的应付款项需经有关授权人员审批后方可办理结算与支付。

(5)单位应当建立退货管理制度。对退货条件、退货手续、货物出库、退货货款回收等作出明确规定，及时收回退货款。

(6)单位应当定期与供应商核对应付账款、应付票据、预付款项等往来款项。如有不符，应查明原因，及时处理。

案例一

采购与付款内部控制的典型案例

一、案例叙述

AA企业建立了采购付款流程和管理制度，制度管理范围涉及的各个阶段，包括付款申请、单据审核、结算付款、账务处理等环节。从表面看起来，感觉控制严谨、层层把关、疏而不漏。但在实际运作中，付款周期很长；采购部门、结算部门和会计部门之间经常发生推诿埋怨；管理数据的提供有重叠，不完整或缺失的现象。通过对采购付款各个环节的管控进行诊断分析，发现流程控制缺乏明确的流程层面的控制点，造成审批手续复杂而使管理制度流于形式。

当前的采购付款流程是：

控制点1：采购员负责审核取得付款发票，采购付款业务发生时，采购部门的采购员将付款申请及供应商发票交给结算部门的结算会计。

控制点2：结算会计负责单据合法，金额正确。结算会计审核票据和金额相符后签字，交会计部门的记账会计。

控制点3：会计负责核对供应商台账，确认付款方式和金额（冲账还是现付）。记账会计审核付款方式后签字，交财务经理。

控制点4：财务经理负责批准付款方式。财务经理审核后签字，交采购管理部门的管理人员。

控制点5：采购管理部门统计员负责登记供应商台账（发票与付款的对应情况）。统计员进行逐笔登记后，交本部门的经理。

控制点6：采购管理部门经理负责批准（目的不清）。采购管理部门经理签字后，再由统计员交回结算会计。

控制点7：结算会计经理签字确认，结算会计办理付款（结算会计签字不清晰而增加的环节）。

二、案例分析

通过上述对流程控制点的描述，发现的问题是：

1. 各相关部门之间的衔接与控制点关系不清晰，导致重复操作，如控制点5、控制点6与控制点1。

2. 对不能严格履行过程职责的流程参与者不进行考核，而是采取补救方法导致流程复杂化，如控制点3、控制点5和控制点7。

3. 会计核算方法不规范，增加了付款流程的复杂程度，如控制点3和控制点4。

企业在这个阶段的流程控制需要思考的问题是，流程的每个控制点是否创造价值？是直接修正上一环节的过错，还是打补丁式的增加环节弥补上一环节的失误？是否相关子环节的不规范使流程更加复杂，失误机率增加？如何识别关键控制点以确定需要改善的环节？如何避免迷失在追求流程控制的误区中？

三、改进建议

通过深入分析，针对上述采购付款流程的优化建议是：

控制点1：采购员负责取得付款发票，填写付款申请(对付款的真实合理负责)。采购付款业务发生时，采购部门的采购员将付款申请及供应商发票交给采购管理部门。

控制点2：采购管理部门统计员负责核对并登记供应商台账(对发票与付款的对应情况和付款方式负责)。统计员核对无误并进行登记后签字，交结算会计。

控制点3：结算会计负责审核付款单据(对单据的合法性、金额的正确负责)。结算会计审核票据和金额相符后签字，提交被授权人审批后，办理付款手续。

简言之，企业的管理制度和流程控制是在工作流程图中明确规定每个人应该做什么、如何做、何时做以及正确进行工作的结果等。同时，规范相关子环节的管控，如本案涉及的会计核算方法，简化冲账环节，也是至关重要的。

第三节　存货与仓储循环内部控制

存货与仓储循环同其他业务循环的联系非常密切，因而十分独特。原材料经过采购与付款循环进入存货与仓储循环，存货与仓储循环又随销售与收款循环中产成品等商品的销售环节而结束。存货与仓储循环涉及的内容主要是存货的管理及生产成本的计算等。考虑财务报表项目与业务循环的相关程度，该循环所涉及的资产负债表项目主要是存货、应付职工薪酬等；所涉及的利润表项目主要是营业成本等项目。其中，存货又包括：材料采购或在途物资、原材料、材料成本差异、库存商品、发出商品、商品进销差价、委托加工物资、委托代销商品、受托代销商品、周转材料、生产成本、制造费用、劳务成本、存货跌价准备、受托代销商品款等。

一、涉及的主要凭证和会计记录

以制造业为例。存货与仓储循环由将原材料转化为产成品的有关活动组成。该循环包括制定生产计划，控制、保持存货水平以及与制造过程有关的交易和事项，涉及领料、生产加工、销售产成品等主要环节。存货与仓储循环所涉及的凭证和记录主要包括以下几种。

(一)生产指令

生产指令又称"生产任务通知单"，是企业下达制造产品等生产任务的书面文件，用以通知供应部门组织材料发放、生产车间组织产品制造、会计部门组织成本计算。广义的生产指令也包括用于指导产品加工的工艺规程，如机械加工企业的"路线图"等。

(二)领发料凭证

领发料凭证是企业为控制材料发出所采用的各种凭证，如材料发出汇总表、领料单、限额领料单、领料登记簿、退料单等。

(三)产量和工时记录

产量和工时记录是登记工人或生产班组出勤内完成产品数量、质量和生产这些产品所耗费工时数量的原始记录。产量和工时记录的内容与格式是多种多样的，在不同的生产企业中，甚至在同一企业的不同生产车间中，由于生产类型不同而采用不同格式的产量和工时记录。常见的产量和工时记录主要有工作通知单、工序进程单、工作班产量报告、产量通知单、产量明细表、废品通知单等。

（四）工薪汇总表及工薪费用分配表

工薪汇总表是为了反映企业全部工薪的结算情况，并据以进行工薪结算总分类核算和汇总整个企业工薪费用而编制的，它是企业进行工薪费用分配的依据。工薪费用分配表反映了各生产车间、各产品应负担的生产工人工薪及福利费。

（五）材料费用分配表

材料费用分配表是用来汇总反映各生产车间各产品所耗费的材料费用的原始记录。

（六）制造费用分配汇总表

制造费用分配汇总表是用来汇总反映各生产车间、各产品所应负担的制造费用的原始记录。

（七）成本计算单

成本计算单是用来归集某一成本计算对象所应承担的生产费用，计算该成本计算对象的总成本和单位成本的记录。

（八）存货明细账

存货明细账是用来反映各种存货增减变动情况和期末库存数量及相关成本信息的会计记录。

二、涉及的主要业务活动

同样以制造业为例，存货与仓储循环所涉及的主要业务活动包括：计划和安排生产、发出原材料、生产产品、核算产品成本、储存产成品、发出产成品等。上述业务活动通常涉及到以下部门：生产计划部门、仓库、生产部门、人事部门、销售部门、会计部门等。

（一）计划和安排生产

生产计划部门的职责是根据顾客订单或者对销售预测和产品需求的分析来决定生产授权。如决定授权生产，即签发预先编号的生产通知单。该部门通常应将发出的所有生产通知单编号并加以记录控制。此外，还需要编制一份材料需求报告，列示所需要的材料和零件及其库存。

（二）发出原材料

仓库部门的责任是根据从生产部门收到的领料单发出原材料。领料单上必须列示所需的材料数量和种类，以及领料部门的名称。领料单可以一料一单，也可以多料一单，通常需一式三联。仓库发料后，将其中一联连同材料交给领料部门，其余两联经仓库登记材料明细账后，送会计部门进行材料收发核算和成本核算。

（三）生产产品

生产部门在收到生产通知单及领取原材料后，便将生产任务分解到每一个生产工人，并将所领取的原材料交给生产工人，据以执行生产任务。生产工人在完成生产任务后，将完成的产品交生产部门查点，然后转交检验员验收并办理入库手续，或是将所完成的产品移交下一个部门，作进一步加工。

（四）核算产品成本

为了正确核算并有效控制产品成本，必须建立健全成本会计制度，将生产控制和成本核算有机结合在一起。一方面，生产过程中的各种记录、生产通知单、领料单、计工单、入库单等文件资料都要汇集到会计部门，由会计部门对其进行检查和核对，了解和控制生产过程中存货的实物流转；另一方面，会计部门要设置相应的会计账户，会同有关部门对生产过程中的成本进行核算和控制。成本会计制度可以非常简单，只是在期末记录存货余额；也可以是完善的标准成本制度，它持续地记录所有材料处理、在产品和产成品，并形成对成本差异的分析报告。完善的成本会计制度应该提供原材料转为在产品，在产品转为产成品，以及按成本中心、分批生产任务通知单或生产周期所消耗的材料、人工和间接费用的分配与归集的详细资料。

（五）储存产成品

产成品入库，须由仓库部门先行点验和检查，然后签收。签收后，将实际入库数量通知会计部门。据此，仓库部门确立了本身应承担的责任，并对验收部门的工作进行验证。除此之外，仓库部门还应根据产成品的品质特征分类存放，并填制标签。

（六）发出产成品

产成品的发出须由独立的发运部门进行。装运产成品时必须持有经有关部门核准的发运通知单，并据此编制出库单。出库单至少一式四联，一联交仓库部门、一联发运部门留存、一联送交顾客、一联作为给顾客开发票的依据。

三、存货与仓储循环的内部控制

总体上看，存货与仓储循环的内部控制主要包括存货的内部控制、成本会计制度的内部控制。

关于存货的内部控制，需要作以下两个方面的说明：一方面如前所述，由于存货与仓储循环与其他业务循环的内在联系，存货与仓储循环中某些审计测试，特别是对存货的审计测试，与其他相关业务循环的审计测试同时进行将更为有效。例如，原材料的取得和记录是作为采购与付款循环的一部分进行测试的，而装运产成品和记录营业收入与成本则是作为销售与收款循环审计的一部分进行测试的。这些在前面相应章节已经结合其他循环作了介绍，不再赘述。另一方面，尽管不同的企业对其存货可能采取不同的内部控制，但从根本上说，均可概括为存货的数量和计价两个关键因素的控制。基于上述原因，本节对存货与仓储循环的内部控制的介绍，省略存货方面的相关内容，仅涉及成本会计制度。

成本会计制度的内部控制目标、关键的内部控制如表 7－4 所示。

表 7－4　成本会计制度的目标、内部控制

内部控制目标	关键的内部控制
生产业务是根据管理层一般或特定的授权进行的（发生）	对以下三个关键点应履行恰当手续，经过特别审批或一般审批：生产指令的授权批准；领料单的授权批准；工薪的授权批准

（续表）

内部控制目标	关键的内部控制
记录的成本为实际发生的而非虚构的（发生）	成本的校算是以经过审核的生产通知单、领发料凭证、产量和工时记录、工薪费用分配表、材料费用分配表、制造费用分配表为依据的
所有耗费和物化劳动均已反映在成本中（完整性）	生产通知单、领发料凭证、产量和工时记录、工薪费用分配表、材料费用分配表、制造费用分配表均事先编号并已经登记入账
成本以正确的金额，在恰当的会计期间及时记录于适当的账户（发生、完整性、准确性、计价和分摊）	采用适当的成本核算方法，并且前后各期一致；采用适当的费用分配方法并且前后各期一致；采用适当的成本核算流程和账务处理流程；内部稽查
对存货实施保护措施，保管人员与记录、批准人员相互独立（完整性）	存货保管人员与记录人员职务相分离
账面存货与实际存货定期校对相符（存在、完整性、计价和分摊）	定期进行存货盘点

（一）成本费用的内部会计控制的目的

企业成本费用控制的目的在于将企业成本费用控制在企业预定的水平上。企业成本费用的控制是一个复杂的系统，涉及到成本费用控制主体的划分进而所带来的责任的归属，涉及到成本费用控制组织结构中不同控制层次的权利与责任的界定，涉及到成本费用控制过程中各部门工作的协调，涉及到根据企业实际情况的变化对控制标准的调整及差异的纠正等。因此，建立一个充满弹性的成本费用控制系统，掌握成本费用控制的关键点，才能使企业对成本费用进行有效的规划与控制。

这里所说的成本费用包括主营业务成本、其他业务成本、销售费用、管理费用、财务费用、营业外支出等。

（二）成本费用列支的相关问题

成本费用列支正确与否，直接影响成本的真实、合理及合法性，因此应加强管理。如发现实际与预定目标执行有差异，应及时分析并采取一定的措施，保证预算目标的实现。对成本费用内部会计控制目标的实施，必须达到以下几点要求。

(1)明确成本费用归口管理原则。把企业的成本费用目标通过计划编制和成本分析两个流程层层归口分解，落实到各部门、小组，有的指标可以分解落实到个人，形成一个成本费用控制系统，并使各责任单位明确责任范围，使成本费用落到实处。

(2)成本费用控制目标必须符合客观实际，不能太高，太高容易挫伤积极性；也不能太低，太低则失去控制的意义。

(3)搞好成本费用的日常核算工作。为正确地计算成本费用，为成本控制提供真实的信息，必须建立与企业生产相适应的成本费用核算方法，对企业成本费用的耗用进行正确的、真实的核算。

（三）成本费用控制的总体部署

(1)成本费用控制的标准。

可供企业选择的成本费用的控制标准有全面预算、目标成本、定额成本、标准成本等。一般来说，全面预算可以涵盖其他控制标准，其他标准可以作为全面预算中的部分标准，网络合资公司都是实行全面预算管理，以预算明确企业的奋斗目标、协调企业经济资源的配置和部门之间的关系、考核各责任主体的经济责任、控制生产经营活动。

(2)企业应建立以财务总监为核心、有关生产经营主管参与的成本费用控制组织系统。财务总监是成本费用预算制定和控制的牵头组织者，各专业技术主管参与成本费用预算制定和控制过程，体现了财务与技术的结合。该成本费用控制组织系统的主要职责包括以下三点。

① 公司总经理：全面领导本单位的成本费用管理工作，对本单位的成本费用管理工作负总责。

② 财务总监：协助总经理领导本单位的成本费用管理工作，具体组织成本费用管理制度的制定和修改，组织编制和审查成本费用预算，进行成本费

用的日常控制，制定成本费用控制的工作流程，组织成本费用核算和分析，检查和指导成本费用的管理工作，制定生产经营绩效考核及奖惩方案，协调所属单位及各职能部门在成本费用管理中的工作。

③ 总工程师：协助总经理领导和组织与工程技术有关的成本费用管理工作，组织编制施工组织设计，组织推广新技术、新工艺、新材料，推进技术进步，协助总经理领导安全和质量工作，领导所分管的部门做好成本费用管理工作。

(3)成本费用支出不相容岗位包括：

① 成本费用预算的编制与审批；

② 成本费用支出的审批与执行；

③ 成本费用支出的执行与相关会计记录。

(四)成本与费用内部会计控制的具体控制要点

(1)生产必须依计划进行，领用材料必须办理领料手续。

(2)只有依据计划部门下达的“生产通知单”，仓储部门才能发料。

(3)月末，应对材料耗用进行盘点，未用完的材料应办理退料或“假退料”手续。

(4)必须按成本计算对象对耗用材料进行适当的分配。

(5)应该对费用开支实行总额控制，超过费用总额的开支，原则上不予报销。费用总额的控制标准在单位年度预算中确定。

(6)制定并实施健全有效的费用预算与控制标准是单位财务部门的职责。各单位必须建立费用核准制，严格费用开支的审批，特别是预算外的开支，必须履行特殊的审批手续。

(7)所有费用单据只有经过书面核准才能进行报销。

(8)必须制定并严格执行费用开支范围。

(9)财务部门在办理各项报销手续时，应该进行如下复核：

① 成本、费用的开支是否合理、合法，有无相关人员的批准签字；

② 成本、费用的开支是否超出开支标准或预算范围，超标准或超范围开支是否经特别授权；

③ 相关的原始发票是否真实，计算是否正确。

(五)加强对成本费用的内部会计控制

(1)加强成本费用预算管理。按照企业发展目标和成本效益原则，制订成本费用预算，分解成本费用指标，落实成本费用责任主体，考核成本费用指标的完成情况。

(2)加强成本控制。从企业特点出发，采用标准成本、定额成本等成本控制方法，加强对材料采购和耗用、储存成本、人工成本的控制，制订费用的开支范围、标准和费用支出的申请、审核、审批、支付程序。要根据经批准的费用支出申请，对发票、结算凭证等相关凭据的真实性、完整性、合法性及合规性进行严格审核。

(3)加强成本费用核算管理。不得随意改变成本费用的确认标准或者计量方法，不得虚列、多列、不列或者少列成本费用。建立成本费用内部报告制度，实时监控成本费用的支出情况，对于实际发生的成本费用与成本费用预算的差异，应及时查明原因，并作出相应处理。

四、成本费用核算

(一)成本费用核算制度示例

成本费用核算是反映生产经营过程中实际耗费的基本手段，是实现成本费用全过程控制的重要环节。成本核算的正确与否，直接影响着财务成果的计算。为了进一步规范成本费用核算，特制定本制度。

(1)成本费用核算的依据。

(2)具体会计准则、企业会计制度。

(3)有关的消耗定额、开支标准和开支范围的政策文件。

(二)成本费用计划

成本费用计划是成本管理的基础，是控制成本、考核成本完成情况的主要依据。

1. 成本费用计划编制前应做好准备工作

了解生产经营、机构定员、工资水平、款源、物价等变化情况。由有关部门及时提供生产任务、设备状况和质量要求等资料。核定支出项目，核定消耗定额、开支标准、开支范围和计划单价。分析上年成本的实际完成情况和单位工作量实际完成的工料消耗情况，以及间接费用计划执行情况、成本分析资料等。

了解与成本费用计划有关的政策和要求。

2. 成本费用计划编制内容

(1)成本费用有关项目的支出额度、定额、工作量指标；

(2)安排各项生产率指标、设备使用量、劳动率指标等；

(3)编制计划说明书，着重说明特殊项目变化原因。

(三)成本费用核算方法和程序

1. 成本核算方法

(1)按成本核算对象列入相应科目核算的原则。对能直接归属某个成本核算对象的成本费用直接列入相应成本对象的成本中；对涉及两个及以上成本核算对象的成本费用采用分配办法归集，分别根据具体情况按人员比例、工作量比例分摊。

(2)成本核算对象一经确定，不得随意变更。所有成本核算的原始记录(如材料小票、固定资产卡片等)，必须按照确定的成本核算对象的编号、名称填写清楚。

2. 成本核算程序

各单位企业进行成本核算的一般程序是：

首先，按费用发生项目进行归集。要求各企业按经营什么算什么分析什么的原则，划分成本费用，使成本核算与实际生产经营进程保持一致。

其次，严格遵守支出范围，正确划分生产经营用、非生产用，按权责发生制进行核算。凡应由本期负担的支出，均应全部计入本期成本费用；凡应由分摊负担的支出，通过“长期待摊费用”等科目核算。

(四)成本费用核算基础管理和控制

1. 成本费用核算基础管理工作

(1)成本计划管理是一种事前管理工作。执行成本计划过程中做到量入而出，杜绝支出无计划、花完钱再算账的现象。

(2)消耗定额管理是成本管理的有效手段。主要有两种定额管理方式，即数量定额和费用定额。数量定额主要用于控制原材料的消耗。费用定额主要用于在数量定额的基础上所确定的综合定额，主要用于下达计划、考核成本。

(3)部门(班组)经济核算是指以部门(班组)为单位，由部门（班组)成员自行开展的群众性经济核算。包括生产任务、质量、工资分配、能源物料消耗等。

(4)科目负责制是落实成本管理责任机制的有效形式。具体管理形式有：代金券、限额卡、限额本。简单地说，就是将成本费用按科目的性质分配给具体管理的车间、职能部门，将生产与经营相结合。

2. 成本费用控制分为事前控制和事中控制

事前控制，包括成本计划和各项消耗定额、开支标准和开支范围进行核定和审核。事中控制是在生产经营活动中，加强成本的日常动态控制，使成本管理由事后的既成事实，转为预防性管理。

(五)成本费用核算分析

成本费用核算分析是企业管理的重要内容。其主要任务是：根据政策和计划，检查和评价成本计划执行情况，分析成本变动差异原因，针对存在的问题，找出影响成本的因素和降低途径，提出改进建议挖掘潜力，提高经济效益。

各企业成本费用分析的主要内容和方法如下：

(1)分析收入利润率、成本费用利润率等指标，制定降低成本费用的措施；

(2)抓住工资、材料、燃料、电力、折旧、其他各要素费用的变化对成本的影响，各项主要消耗定额和开支标准，以及价格变化对成本的影响，计算各因素的影响程度；

(3)揭露铺张浪费和重大损失性费用以及违反财经纪律现象，查明管理上的漏洞；

(4)分析时应将实际成本与计划成本比较，检查计划执行程度，将本年成本主要指标与去年同期和历史最好水平比较，观察成本变动趋势。

成本分析可采取日常的、定期的、专项的、动态的等多种形式。日常分析主要用于控制支出进度；定期分析主要用于较全面的分析，为下一步改进管理提供信息资料；专题分析主要用于针对成本费用某项突出问题进行调查，分析研究，及时扭转偏差；动态分析主要用于分析任务等因素变化对成本的影响及变动趋势。

（六）严肃成本核算纪律

(1)确定成本支出范围，划清成本界限。即：划清基建、大修、更新改造、专项款等资本性支出与成本费用的界限；划清本单位成本负担的支出和不由本单位成本负担的支出界限；划清运输支出与多经成本、技协成本的界限；划清营业成本与营业外支出的界限；划清本期与前、后期支出的界限。

(2)应遵循权责发生制原则、收支配比原则。根据计算期内完成的实际工作量、实际消耗、实际价格进行核算。

(3)成本核算的资料必须准确、完整、真实、合法，记载、编制必须及时。

(4)严格遵守开支范围、开支标准、有关消耗定额标准。

案例二

成本费用内部控制案例与分析

一、案例叙述

某国企2012年营业收入在该省同行中排名第二，但该年发生巨额亏损。经调查，主要是企业成本费用没有得到合理控制。其相关成本控制如下：

(1)销售费用实行实报实销制度；

(2)供应部为确保生产消耗需要，在正常持有量的基础上增加了一倍的原材料，由于该类存货市场价格持续下降，大量库存给企业造成较大负担；

(3)生产工人执行计时工资制度。

为强化成本费用管理，总经理采取了以下措施：

(1)取消销售费用实行实报实销制度，实行“基本工资＋奖金”制度，奖金由总经理视情况而定；

(2)由车间主任根据生产消耗情况提出请购申请，经过总经理批准后交采购部门进行采购；

(3)改计时工资为计件工资。

半年后发现，销售部员工埋怨，销售情况时好时坏，产品质量下降，库存很大。

二、案例分析

(一)原有问题

(1)销售费用实行实报实销制度造成销售费用失控，不利于提高资金利用率；

(2)根据经验估计原材料量，加倍持有，没有进行有效的成本费用预算，不符合对材料采购成本与储存成本的控制；

(3)计时工资制度不利于提高员工的生产积极性，容易造成消极怠工的现象。

(二)改进后的问题

(1)虽然取消了销售费用实行实报实销制度，但是奖金制度随意性很大，缺乏对总经理发放奖金的约束；

(2)虽然是明确了请购、审批、采购、验收的程序和要求，但是不应由车间主任提出请购申请，仓库部门更为合适；

(3)计时改为计件工资制度可以激发工人生产积极性，但也需有配套的质量检验制度，保证产品质量，数量与质量两手抓。

三、改进意见

(1)确定岗位分工及授权批准，明确请购、审批、采购、验收程序，确保各部门相容岗位相互分离、制约和监督。

(2)科学、合理的成本费用预算，可以避免物资积压，质量失控。

(3)不论何种工资制度均要符合对人工成本的控制和产品质量、产量的要求。

案例三

销售与收款内部会计控制案例

一、案例叙述

李××原是某石油公司加油站站长兼任管账员。近五年来，他采取截留销售款、账内做假账等方式，将单位公款用于赌博，使国家直接经济损失90余万元。他开始也只是玩点小赌博游戏，但逐步由小赌变成大赌、狂赌。曾经有一年，他一个月内输掉二十余万元。

李××挪用公款的手段很简单，一是直接挪用销售款，李××自担任站长起，多次从加油站油款中直接拿取现金，两年的时间里挪用公款70多万元去赌博，在兼任管账员期间，又利用负责清理回收油站的外欠款机会，将收回的外欠款数十万元输在了赌桌上。二是做假账，李××利用自己既是站长又是管账员的便利，一方面大力截留销售款，另一方面又采取账内做假账的方式来掩盖其舞弊行为。

二、案例分析

本案是一起典型的由于单位内部控制混乱而导致的挪用公款案。本案从内部会计控制的角度看主要存在这几个方面的问题。

(一)没有将不相容的岗位分离

根据《内部会计控制规范——销售与收款》第五条要求，单位应当建立销售与收款业务的岗位责任制，明确相关部门和岗位的职责、权限，确保办理销售与收款业务的不相容岗位相互分离、制约和监督。李××既“管事”又“管账”，为他挪用公款创造了便利条件。

(二)业务人员缺乏应有的职业道德

根据《内部会计控制规范——销售与收款》第八条的要求，单位应当配备合格的人员办理销售与收款业务。办理销售与收款业务的人员应当具备良好的业务素质和职业道德。本案中李××赌性成瘾，一个月中就赌输了二十余万元，这种人不适合当站长和会计。

(三)没有加强对销售收入款项的控制

按照《内部会计控制规范——销售与收款》第二十条规定，单位应将销售收入及时入账，不得账外设账，不得擅自坐支现金。销售人员应当避免接触现款。而本案的李××多次从加油站油款中直接拿取现金直接用于赌博，后来又将收回的外欠款输在赌桌上，严重违反了内控制度。

(四)缺乏严格的监督检查制度

根据《内部会计控制规范——销售与收款》第二十七条规定，单位应当建立对销售与收款内部控制的检查制度，明确监督检查机构或人员的职责权限，定期或不定期地进行检查。单位监督检查机构或人员应定期通过实施符合性测试和实质性测试检查销售与收款业务内部控制制度是否健全，各项规定是否得到有效执行，特别是账实是否相符。即销售款与油的卖出量是否相符。在本案中，在李××任站长期间，尽管公司也每年都对他的经营情况进行审计，但都是走形式、走过场，只是简单地核对账目，什么问题也没发现。

三、建议

(一)要用好人

用好人是根本，再好的内控制度也是由人来执行的，现在许多单位出现问题，不是没有制度，而是用人出问题。因此，加强内部会计控制首先是在关键岗位上配备的人员必须具备良好的职业道德和业务素质，忠于职守、守法奉公、遵纪守法、客观公正。

(二)形成制衡机制

形成制衡的关键，主要是完善制衡制度。要按照内部控制的要求严格将不相容的职务和岗位分离，形成职务和岗位之间的牵制和制衡，减少发生舞弊行为的可能性，压缩违法犯罪行为的空间。现在，之所以很多单位发生舞弊行为和严重违法犯罪行为，很大程度上是没有将不相容的职务和岗位分离，没有形成科学有效的制衡机制。

(三)执行程序

执行程序是条件，执行程序就是在不相容职务和岗位分离的基础上，要明确各业务环节的职责权限，并保证各项业务按业务流程循环。

（四）加强监督

加强监督是保障。现在很多单位出事都是因为缺乏有效的监督检查。一方面是长期的缺乏监督检查，另一方面是监督检查只是走过场，做做样子。因此，要防止舞弊行为就必须要加强监督检查：

（1）要监督检查制度化，对单位的财务状况要定期和不定期地进行检查；

（2）监督检查要“真刀真枪”，对监督检查过程中发现的内部控制中的薄弱环节，应当及时采取措施，加以纠正和完善。